马·语典——涉马熟语辨释

中华马文化系列丛书

丛书主编：郑福田

本册编著：王建莉

内蒙古出版集团
内蒙古人民出版社

图书在版编目(CIP)数据

马·语典:涉马熟语辨释/王建莉编著. --呼和浩特:内蒙古人民出版社,2019.7
(中华马文化系列丛书)
ISBN 978-7-204-16019-8

Ⅰ.①马… Ⅱ.①王… Ⅲ.①汉语-熟语-通俗读物 Ⅳ.①H136.3-49

中国版本图书馆 CIP 数据核字(2019)第 154595 号

马·语典——涉马熟语辨释

作　　者　王建莉
责任编辑　蔺小英
封面设计　额伊勒德格
出版发行　内蒙古出版集团　内蒙古人民出版社
地　　址　呼和浩特市新城区中山东路 8 号波士名人国际 B 座五层
网　　址　http://www.impph.cn
印　　刷　内蒙古恩科赛美好印刷有限公司
开　　本　710mm×1000mm　1/16
印　　张　20
字　　数　290 千
版　　次　2019 年 7 月第 1 版
印　　次　2019 年 7 月第 1 次印刷
书　　号　ISBN 978-7-204-16019-8
定　　价　60.00 元

总　序

现在奉献给读者的图书是内蒙古文化传播力建设研究基地的一组系列成果。这项成果共六册，分别是《马·品质——蒙古马地域文化巡礼》《马·造型——造型艺术中的骏马形象》《马·语典——涉马熟语辨释》《马·影视——中国“马主题”影视》《马·故事——摇篮夜话蒙古马》《马·诗赋——马文化诗词曲赋笺释》。

由于每册书前均有编著者的自序，说解该册情况甚详，所以，我在这里只简单介绍这几本书的策划缘起和编著过程。

去年（2018 年）冬天，自治区决定于今年 8 月份举办首届马文化博览会，计划编写一系列有关马文化的书籍，委托我依托内蒙古文化传播力建设研究基地筹划编写其中的几种，当时只给出了大致的内容范围。

时间紧迫，接受任务后，我即着手此项工作，期间与同仁反复斟酌，从确立鹄的、商定书名、遴选编者、分配任务，到发凡起例、建纲立目、明确风格、预设效果，至于门径的创新探索，材料的排比爬梳，等等一切，无分巨细，均认真思考，筹划安排，切磋琢磨，亲力亲为，可谓尽心焉耳矣。

编者和书名既定，体例和纲目粗具，具体的编写工作立即开始。各位编著者赶时间，抢进度，焚膏继晷，每日孜孜，攻坚克难，殚精竭智，付出了巨大的努力。期间我们多次召集会议，沟通协调，交流促动，得到了大家的全力支持。

今年 5 月上旬，各册书稿粗完，在包头集中统稿。按照内蒙古文化传播力建设研究基地工作惯例，编著者依次将书稿投影展示，我则和大家逐一进行讨论，开诚布公，实事求是，斟酌推敲，取舍损益。通过几天的工作，书稿得到了一定程度的提升，进一步完善的意见建议也明确提出。令人感佩的是，编著者们大多是很有成就的专家学者，然而此时均能虚己下人，诚恳接受意见，洵为难能可贵。

统稿会后，大家分头对书稿进行加工修改，力求精益求精。5 月下旬，稿件交付出版社。此后，出版社责编又非常敬业、非常负责任地与编著者沟通联络，完善推动。于是就有了现在这样的成果。

作为项目的筹划主持者，这些成果的面世，我自然感到欣喜，然而与此同时，我也感到了成果接受检验的惴惴不安，于是也就更明确了对“学不可以已”的深切体认。

现在该说一说我们这几本书的主题，也就是该说一说马了。

千百年来，人们往往把马和龙相提并论，认为好的马应该像龙一样，于是有龙马之称。直到现在，我们形容人的精神气象，还往往说龙马精神。龙马精神，包含着刚健、朗丽、热烈、高昂、轩举、升腾、饱满、昌盛、发达、奋迅等等一系列英发向上的意义。而马则是奋斗不止、自强不息、吃苦耐劳、勇往直前的代表性物象，蒙古马更以生命力强、耐力强、体魄健壮著称。

本人生肖属猴，生性爱马，少年在农区，最羡慕马倌放夜马，出发时，一声呼啸，数十匹奔腾而出，绝尘而去。自己也多次乘骑骣马，小作奔驰，惜乎未能长驱致远。后来年纪渐长，知识渐开，复特爱马之神骏，有如支道林者。每见飞翮晨凫，赤电浮云，雄飞高岭，傲立长原，辄生神物难得之叹。曾经写过一些有关马的诗词，亦乐于为友人有关马题材的美术和摄影作品题诗。日居月渚，沙起雷行，情形已成过去，鬓上二毛早生，回思旧事，感慨系之。所幸良原坦荡，骏马骄嘶，犹存当时况味。所以，在策划和主持这个项目时，我十分投入，也获得了满满的感动。

十年前，友人参加平遥国际摄影展，我曾为其参展作品作七言绝句一组。2010 年，友人摄影集《烈马追风》付梓，复为其三部分各填《莺啼序》一首，分别为绿玉之原、黄金之原、白银之原。《莺啼序》调长，三首联翩，写来淋漓痛快。现在奉给读者，以记往事，以畅衷情，以见大草原风采、蒙古马精神，同时也以此陪伴读者开启对我们这一系列书籍的阅读之旅。

《莺啼序 · 绿玉之原》

东风早传消息，道春阳和煦。
平冈远，淡绿鹅黄，满目草色如许。
痴儿女，多情似我，轻衫已换貂裘去。
渐风流云卷，飞扬绮思千缕。

天净香飘，健蹄所指，看莺歌燕舞。
有绣带，并辔逍遥，人间多少佳侣。
过瑶池，满滩踊跃，洗九马，振其毛羽。
更长虹，贯日贞刚，排空神武。

年年新景，岁岁陈诗，光阴成逆旅。
勤拂拭，当前好镜，取象聚焦，检点锋芒，经历烟雨。
低吟宛曲，长嘶激越，壮声滂沛经行路。
正八骏，险阻从容渡。
都来眼底，茫茫海若长原，翩翩神龙翔翥。

一川深碧，宛似天津，叹夕辉朝露。
怕辜负，关山事业，尚在徘徊，委弃黄钟，滴残玉箸。
今朝得意，雷行沙起，如弓一线千钧驭。
任相传，气势真如虎。
等闲华贵衣裳，六尺名骄，纵横谁与？

《莺啼序·黄金之原》

韶华悄然代序，只凉风乍起。
天陲远、雁阵归来，见说犹有余翠。
岭头树、缤纷万状，妖娆几个妆金髻。
更菊开潇洒，随风展其芳蕊。

千里长原，腾云掣电，认天骄旧地。
草黄处、马正肥时，健儿连肩把臂。
解银鞍、欢呼雀跃，举大白、与君沉醉。
月团圆，无限山川，一泓秋水。

人生不老，卉木还欣，进退从容事。
携伟镜、登高临远，摇露迎霜，早策名驹，晚巡上驷。
当流漱石，眠荒枕玉，这般情调真纯粹。
况联翩、兄弟结成队。
杜郎俊赏，分他磊落才思，助我十分豪气。

此间万物，秋实春生，正转轮不已。
任点检、禾麻黍麦，海积云屯，驼鹿羊牛，波盈涛累。
承平景象，吾民安泰，常将好句歌盛世。
构新图、无往非良骥。
始知伯乐仁怀，岂但吟边，要从心底。

《莺啼序·白银之原》

弥天朔风劲健，冻高原若铁。
八千里、蜡象银蛇，遍体寒玉澄澈。
岑夫子、初临塞上，梨花敢比晶莹雪。
算何如此际，一呼白虹凝结。

逐日声名，凌云气度，渺山川空阔。
江南事、支道当时，早夸神骏奇绝。
炳龙文、连钱五色，踏旧垒、蹄音明灭。
更悲嘶，骇世惊人，此心尤热。

气吞荒岭，席卷层冰，都道真汗血。
浑不记、来从何处，往向何方，仰露餐风，诸多鳞屑。
石公有约，三冬为伴，清辉炯炯天心月。
且殷勤，写尔卓如骨。
喟然叹曰：忍教短壁颓垣，束缚世间英物！

骊黄雾隐，大野茫茫，正险夷相接。
向前路、龙腾虎掷，鼻息干云，鬃尾飞扬，一旦争发。
青春牧者、宽袍长袖，酣歌快舞情激越。
念相知，滋味年年别。
从容裁取形神，春水回时，柳眉新叶。

郑福田

2019 年 7 月于呼和浩特

前　言

中国的马文化源远流长。马，哺乳动物，头小面长，耳壳直立，颈上有鬣，尾有长毛，四肢强健，有蹄，性温驯善跑。马在人类的物质生活与精神生活中，充当了重要的角色，发挥着极其重要的作用。关于"马"的熟语，数量很大，被赋予了各种文化意向，成为马文化的一个重要组成部分。

武占坤《现代汉语读本》把熟语定义为："熟语是结构形式和语义容量上大于词，在'习用性''现在性'和'定型性'上同于词，在造句功能上大体相当于词的词组或短句。它包括成语（如：卧薪尝胆）、谚语（如：天下乌鸦一般黑）、歇后语（如：水中捞月——一场空）、惯用语（如：捞稻草、泡蘑菇）等。"这明确了熟语的性质和范围。本书的熟语包括成语、谚语、歇后语和惯用语。我们搜集、辨别、解释了关于马的熟语。"马"的同义词"骏""骥""驹"等也列入其中。

马文化谚语涉及领域广泛，反映了人们的思想智慧和表达技巧，其语言形式多样，或者严谨工整、古雅深邃，或者生动活泼、通俗易懂。它们广泛流传于全社会，融入人们的生活，丰富了我们的语言。

早在上古汉语中，就有大量典籍言及马，这成为后世很多关于马的成语、谚语和惯用语的来源。

《左传·宣公十五年》："古人有言曰：'虽鞭之长，不及马腹。'"晋杜预注："言非所击。"（后常用"鞭长不及马腹"）

《晏子春秋·内篇杂下》："君使服之于内，而禁之于外，犹悬牛首于门，而卖马肉于内也。"（后用为"牛头而卖马脯"）

《庄子·齐物论》："以指喻指之非指，不若以非指喻指之非指也；以马喻马之非马，不若以非马喻马之非马也。天地一指也，万物一马也。”（后用为“一指马”）

《尚书·武成》：“乃偃武修文，归马于华山之阳，放牛于桃林之野，示天下弗服。”（后用为“马入华山”）

《史记·伯夷列传》：“同明相照，同类相求。云从龙，风从虎，圣人作而万物睹。伯夷、叔齐虽贤，得夫子而名益彰。颜渊虽笃学，附骥尾而行益显。岩穴之士，趣舍有时若此，类名堙灭而不称，悲夫！闾巷之人，欲砥行立名者，非附青云之士，恶能施于后世哉?”（后用为“附骥尾”）

与这三类相比，关于马的歇后语出现得较晚。

元施惠《月亭记·奉命和番》：“正是相逢不下马，从今各自奔前程。”（后用为“相逢不下马——各自奔前程”）

本书马文化熟语主要有如下三个方面的特点。

一、系统性

本书共收熟语近900条。它是一个开放式的语言系统，从文化形态看，分布在物态、制度、行为、心态四个层面。在这四个层面，心态文化层面的熟语数量最多。整体看，它们以马文化构成上位义，以这四个层面构成下位义，构成一个比较庞大的语汇系统。

物态层面的马文化熟语反映了中华民族各个时代与自然作斗争的物质手段及其所获得的物质成果。如“牛即戴嵩，马即韩干”，这条谚语中言及我国古代的艺术。戴嵩、韩干是我国唐代著名画家。戴嵩擅画田园之景，画水牛尤为著名，作品有《斗牛图》《三牛图》《归牧图》等，后人谓得“野性筋骨之妙”。韩干擅绘人物、鬼神、花竹，尤工画马，作品有《牧马图》《玉花骢图》《洗马图》《凿马图》《战马图》《六马图》《八骏图》《百马图》等。所绘马匹，体形肥硕，神态安详，比例适当，创造了富有盛唐时代气息的画马新风格。戴嵩画牛和韩干画马同样著名，合称“韩马戴牛”。这条谚语字面上所提的戴嵩、韩干两个人，引出了唐代辉煌的绘画作品，它们是我国古代物质文化之瑰宝，是看得见摸得着的具体实物。

制度层面的马文化熟语反映了人们在生产生活过程中所结成的各种社会关系，如政治制度、经济制度以及人与人之间的各种关系准则等，涉及政治、军事、个人生活等，事无巨细，面面俱到。“以书为御者，不尽于马之情；以古制今者，不达于事之变。”仅仅依靠书本上的知识来驾驭马，不能完全发挥马的性能；用古代法规制度来判断、裁定现状，往往不能适应事情的变化。比喻不能墨守成规，用一成不变的眼光来看待千变万化的事物，要从实际出发。我们认识事物，在实践活动中需有规范，违背了它，就会造成混乱。“狗拉马车——乱了套”比喻引起混乱，坏了事儿。“以牛为马，以马为牛”形容故意颠倒是非。

行为层面的马文化熟语反映了一种错综复杂的社会的、集体的行为，包括活动规范和行为，体现在礼俗、民俗、风俗等形态中。端午节是我国传统的民间节日，每年在农历五月初五举行各种活动，亦以此纪念相传于是日自沉汨罗江的古代爱国诗人屈原，有裹粽子及赛龙舟等风俗。在有的地区也有赛马的风俗，因此有了歇后语“端午节赛马——走着看”。此外，在市井风尚中，产生了一系列简单形象的熟语，如“拍马屁”形象地表达出阿谀奉承之人的神态，“看棋只看车马炮——不识相”“马腿上钉掌子——离蹄（题）远”“秦叔宝的黄骠马——来头儿不小”以具体的行为细节，说明了一个个道理。

心态层面的马文化熟语反映了在社会实践和意识活动中孕育而生的价值观念、审美情趣、思维方式等。古代治政，为官务必廉洁。成语“马愿如羊”就是反映了这一现象，说的是东汉张奂任安定属国都尉，联合羌人击败匈奴，羌人头领感恩而献马二十匹、金鐻八枚，张奂对诸羌首领说：“使马如羊，不以入厩；使金如粟，不以入怀。”即以金、马悉数归还（见《后汉书·张奂传》）。后以“马愿如羊”为官吏从政清廉之典。人们对杰出人才倍加珍爱。“骥子龙文”“家骥人璧”都是反映优秀人才的用语。人生在世，必要珍惜青春岁月。古有“少壮不努力，老大徒伤悲”之说，成语、惯用语也表达了这种思想。《穀梁传·僖公二年》：“荀息牵马操璧而前曰：‘璧则犹是也，而马齿加长矣。’”后便以“马齿徒增”（或“马齿”）谦称自己虚度年华，没有成就。人老亦有人生追求。“老马嘶风——英心未退”比喻虽然年老但还是雄心勃勃,英气奋发,表现了老当益壮的人生观。人贵在有志。“好马不吃回头草”则从另外一个角度,说明有志气的人立志别图,即使遭受挫折,也决不走回头路。

二、隐含性

马文化熟语的意义与其字面意义相距较远。由于这类熟语的文化意义主要不是语言自身因素形成的,不是词语基本意义本身延伸的结果,所以我们很难从词的字面意义去直接推求它的意思。马是本书熟语的一个符号,一个引子。各种熟语皆以马系联而成,即以马与其他词组合构成熟语。熟语的文化意义是间接的、隐含的。熟语中马的意义是直接的、表面的。

熟语中哺乳动物的马,表示其本义,涉及马的品种、外形、部位、传说、饲养方式、习性、功能等等。如“下马威”“好马不吃回头草”“良马比君子”“走马观花”“马尾巴搓绳——合不了股”“马不打不奔,人不激不发”“健儿须快马,快马须健儿”“路遥知马力,岁久见人心”等。这些熟语的意义与马之本义有一定的关系,但马之义是其整体意义的一个局部,是字面上的。有的“马”与其他词构成一个简称。如“白马甜榴,一实直牛”言白马寺的甜石榴味美价高,其中的“白马”是洛阳白马寺的简称。

熟语的文化意义,有的是借助“马”表现出来的,意义要从表层(字面)义向深层义转化。如“白驹过隙”谓日影如白色的骏马,飞快地驰过缝隙。但这不是这个成语直接表达的意义,而是用这样一个类比,来形容时间过得极快。有的与“马”的字面意义相距很远。如“马瘦毛长”比喻人穷志短。《五灯会元·白云端禅师法嗣·五祖法演禅师》:“问祖意教意,是同是别,师曰人贫智短,马瘦毛长。”我们很难从这个成语的字面意义上去推求它的意思。“财神轴里卷黄马——画里有画(话)”,前一部分作为引子,必须通过后一部分比喻的手法,表达出“话里有话”这个意义。这是靠谐音得到的意义。我们离开特定的文化背景或场景,绝然不能将熟语的字面意义或由“马”组合的局部词语意义与其特指的整体文化意义直接联系起来。

三、雅俗共融性

“马”作为一个动物词,出现在不同语言风格的熟语中,可以说雅俗兼

得。所谓俗,主要是有的熟语以口语的形式,在人民中间广泛地沿用和流传,为大家所喜闻乐道。所谓雅,是说多从古代书面语里,作为一个意义完整的单位而被继承下来,沿用长久,且具有文言词语性质。

具有典雅风格的马文化熟语,一般语构简古,语义融合雅训。有的熟语必须知道来源才能懂得意思。如“马首是瞻”,语本《左传·襄公十四年》:“荀偃令曰:‘鸡鸣而驾,塞井夷灶,唯余马首是瞻。’”杜注:“言进退从己。”说的是古代作战时,士兵看主将的马头决定进退,比喻服从指挥或乐于追随别人行动。“马首是瞻”是原句“唯余马首是瞻”的紧缩。其中的“马首”作动词“瞻”的宾语,用指示代词“是”使宾语“马首”前置。宾语前置是上古汉语的一种典型语法形式。这个成语保留了上古的句法形式,且已定型,风格文雅。又如“燕昭市骏”,源出《战国策·燕策一》,云:“郭隗先生曰:‘臣闻古之君人,有以千金求千里马者,三年不能得。’涓人言于君曰:‘请求之。’君遣之。三月得千里马,马已死,买其首五百金,反以报君。君大怒曰:‘所求者生马,安事死马而捐五百金?’涓人对曰:‘死马且买之五百金,况生马乎?天下必以王为能市马,马今至矣。’于是不能期年,千里之马至者三。”这个成语说的是战国时郭隗以古代君王悬赏千金买千里马为喻,成为招纳贤士之典。

具有俚俗风格的马文化熟语,通俗简练,生动活泼,经常以口语的形式在民间广泛沿用和流传,多是一种现成话。马在古代是重要的作战工具。《说文解字·马部》记载:“马,怒也,武也。象马头髦尾四足之形。”《周礼·夏官司马》题注:“郑云:马者,武也。言为武者也。”古人认为:“马者,兵象也。”(《魏书·灵征上》)马是用来打仗的,故产生了一系列关于军事的熟语。如“将军不下马——各自奔前程”,人们一看就懂。很多熟语用的是口语,如“云行东,车马通;云行西,马溅泥”“马屁精”“马后炮”“放野马”“人要衣装,马要鞍装”。条目中没有一个文言词,均是口头流传下来的。这种俗,也具有一定的时代性。南北朝贾思勰《齐民要术·养牛马驴骡》:“谚曰:‘羸牛劣马寒食下’,言其乏食瘦瘠,春中必死,务在充饱调适而已。”其中的“羸牛劣马寒食下”,指在寒食节出生的是瘦弱的牛马,到了春天因缺食难逃一死。这反映了南北朝时期真实的生活。

四、异文多样性

马文化熟语整体结构比较稳定，在此基础上还存在异文形式。本书共860条熟语，其中异文422条，约占49.1%。它们是一书的不同版本，或因古今不同书籍记载导致字句互异。产生上述熟语异文的原因较多，有的是书籍流传中产生讹误、衍、倒；有的是由于出现了异体字、通假字、古今字、繁简字；有的是由于口头流传，表达各异；有的是因地域不同，产生不同版本。主要包括以下三种情况。

一种是在同一类型中，相同的结构下有异文。如“骥服盐车”，让骏马驾盐车。驰骋千里的千里马，却用来拖拉盐车，比喻使用人才不当，亦作“骥伏盐车”。“泥马过海——自身难保”，亦作“泥菩萨落水——自身难保”。“人不解甲，马不停蹄”，亦作“人不解甲，马不卸鞍”。或者是结构不同的异文。“风樯阵马”，风中的樯帆，阵上的战马，比喻行进的速度很快，气势勇猛，亦作“阵马风樯”。“马牛襟裾”讥人不明道理、不识礼仪，亦作“裾马襟牛”“襟裾马牛”。

另一种是具有相同的出处，表达的意义也相同，但熟语类型不同。“老马识途”，老马认识路，比喻有经验的人对事情比较熟悉，能为先导。这是成语。它还有异文：“识涂马”“识途马”“老识涂”“识途骥”“老马知道”“马老知道”“老马知路”，这都是惯用语。它们都源自于《韩非子·说林上》，云：“管仲、隰朋从桓公伐孤竹，春往冬反，迷惑失道，管仲曰：‘老马之智可用也。’”成语与惯用语的意义也相同。“裹马革”是惯用语，是三言的动宾结构；“马革裹尸”是由四个字组成的主谓结构，指用马皮把尸体裹起来，表示英勇作战，死于战场。它们都源自于《后汉书·马援传》，云：“方今匈奴、乌桓尚扰北边，欲自请书击之。男儿要当死于边野，以马革裹尸还葬耳，何能卧床上在儿女子手中邪？”

第三种情况是上述两种情况的综合。“东风射马耳”，东风吹过马耳边，比喻充耳不闻，无动于衷，语出唐李白《答王十二寒夜独酌有怀》诗之二：“吟诗作赋北窗里，万言不直一杯水。世人闻此皆掉头，有如东风射马耳。”这是

“东风射马耳”的定型化格式。在此基础上,它的异文形式“东风过耳”出现。清容闳《西学东渐记》:“学生在美国……绝无敬师之礼,对于新监督之训,若东风之过耳。”到当代,又出现一个异文形式“东风吹马耳”。清黄世仲《廿载繁华梦》第四十回:“我当初劝谏你多少来,你就当东风吹马耳,反被旁人说我是苛待侍妾的,今日你可省得了。”还有惯用语“马耳风”。宋陆游《和范待制秋兴》:“一生不作牛衣泣,万事从渠马耳风。”

本书《马·语典——涉马熟语辨释》,以大量的篇幅辨释了马文化的熟语,上自上古汉语,下到中古汉语、近代汉语,再到现代汉语,给读者呈现了时间长达2000多年的熟语库的面貌。大量熟语源于古代,有的地域性很强,解释起来尤其困难。我们以“明知山有虎,偏向虎山行”的谨慎态度,查考出处,查检用例,以简略的用笔,对每条都进行解释。在出处以及用例方面,用力至多,体现源流并重的原则。该书可为一部工具书,在语料方面具有重要价值。书中还介绍了它们的语法功能,可为语文学习者、语言学者研究提供借鉴。每部分之前都阐述了成语、谚语、歇后语、惯用语的概念,以及与文化的关系,提出了笔者的学术观点。

本人参加内蒙古大学的国家社科基金重大项目“中华多民族谚语整理与研究”(项目编号:16ZDA178)课题组,该书的写作得到项目负责人李树新教授的帮助和支持,在此表示感谢。团队负责人王建莉负责总体设计、制定框架、统稿和定稿。参加本书各部分编写的作者主要为:前言——王建莉;关于马的成语——王建莉、杨人桦;关于马的谚语——王建莉、塔娜;关于马的歇后语和惯用语——王建莉、高静。限于笔者的学识水平,书中错误和疏漏之处在所难免,敬请读者和有关专家学者批评指正。

王建莉

2019年5月于内蒙古师范大学

凡 例

一、条目

本书收成语、谚语、歇后语、惯用语共 860 条。

主条选用常见的形式,异文条用“[异文]”表示。

异文条在主条下,另列条目。有的异文,未找到古代用例的,只在释义中列出语目。

二、注释

主条释义分“通释”和“分注”两项,先通释再分注。

通释:解释语目的整体意义。有引申义、比喻义的,重点说明引申义或比喻义。不止一个义项的,分别排序释义。

分注:解释语目中的疑难字、词。如无疑难字、词,则从略。

异文条不再释义。

单列“[用法]”部分,说明语目的语法功能。

三、书证

分“[出处]”和“[用例]”两部分。

“[出处]”部分,有的是语目的源出文献;有的是据我们所查,列出的首见文献用例;有的在引用文献之后,作进一步的解释说明。

“[用例]”部分,列出其在“出处”之后的文献用例;有的在引用文献之后,作进一步的解释说明。

四、简论

在“关于马的成语”“关于马的谚语”“关于马的歇后语”“关于马的惯用语”四部分中，分别界定成语、谚语、歇后语、惯用语的概念，简论“关于马的成语”“关于马的谚语”“关于马的歇后语”“关于马的惯用语”的文化内涵。

五、编排

目录分成语、谚语、歇后语、惯用语四部分。每类下分两部分，首先是简论，其次是列出各类熟语的条目。各类熟语采用音序编排法，再往下按汉语拼音字母顺序排列。附录还为全部词条编排了音序索引。

目　录

关于马的成语

成语一词长期以来被人们广泛地使用,它是汉语熟语中的一个重要组成部分。1963 年完稿的《辞海》中,对“成语”有这样的解释:“固定词组之一种,在汉语中多数由四个字组成。组织多样,来源不一。有些可从字面理解,如‘万紫千红’‘乘风破浪’等;有些要知道来源才懂,如‘卧薪尝胆’‘破釜沉舟’等。”从中我们看到,可以从结构和意义两个方面来界定成语。在增订五版的黄廖版《现代汉语》中,对成语的特征有三点描述,其中的两点“意义整体性”和“结构凝固性”便是强调了成语的结构和意义。马国凡《成语》认为,成语须具有定型性、习用性、历史性和民族性。这可以说正是成语有别于其他类别固定短语的特性所在。

本书收录的是关于马的成语,通过对这些成语的辨释,我们可以清晰地感受到马在我国古代人民的生活和生产中所占据的重要地位。

成语中有一部分是对马的状态神情的描写,如“万马奔腾”和“秋高马肥”“素车白马”这 3 个成语,就表现了马的神情和体态。在这里需要注意的是:有些成语看似是对马本身的描写,但实质上是在指成语背后所要传达的意思,这也就是体现了成语的“意义整体性”。如“牝牡骊黄”,看似是在描写马的公母和颜色,实质上它的意思是指向了更深层的一面,即观察事物要注重本质,不要在乎外表怎样。这类成语需要我们在学习中格外注意,以免对其理解不够深入而误用。

在古代社会生活中,马作为一种重要的交通工具,在很多成语中得到体现。“秣马脂车”指喂饱马,给车轴涂好油脂,表示准备好交通工具。“马如游龙”“车马辐辏”“车驰马骤”“策马飞舆”等,可以看到马作为一种交通工具在古代社会中被普遍使用。在古代战争中,马是必备的作战工具,我们从“金戈铁马”“横戈跃马”“一马当先”等成语中可看到马在交战中的重要性。“招兵买马”是招募军士,购置战马。“厉兵秣马”指磨利兵器,喂饱马匹,表示做好战斗准备,随时可以行动。从“兵强马壮”“千兵万马”等成语中能感受到作战双方军势的浩大,从“戎马倥偬”“马不解鞍”等成语中能体会到战事的紧迫。我们看到,还用“归马放牛”形容战争结束,不再用兵征战,恢复和平生活。

马是古代人们生活中的重要伴侣,对它的喜爱之情被移用到人类生活中。马被用来作为一种对人或事的比喻或代称,如“龙驹凤雏”“骥子龙文”“人中骐骥”等是用来形容优秀的人才。有的成语用来描写人的优秀品质,如“饮马投钱”指使马饮水后,投钱入水中以作为酬答,比喻为人廉洁,不损公肥私。“牛骥同皂”“骥服盐车”等用来指人才被埋没的一种现象。“伯乐相马”,比喻有眼力者鉴别并举荐人才。“素丝良马”表示礼遇贤士。有的还用来表示难舍的故乡情结和难舍的故人情。如“代马望北”比喻人心眷恋故土,不愿老死他乡;“见鞍思马”形容睹物而兴起思念之情。有的用来反映人与人之间的亲密关系,如“一马一鞍”比喻一夫一妻,白头偕老。有的成语用来描写人的行为动作,如“踔厉骏发”形容雄辩恣肆;还有如“驰马试剑”“策驽砺钝”等。有的用来描写人的性格心理,如“桀骜不驯”“犬马恋主”等。有的用来描写人的精神状态,如“凤翥龙骧”形容奋发有为,“虎跃龙骧”形容威武雄壮,“尻舆神马”描写人随心所欲地神游物外。

人们还用带有“马”字的成语比喻热闹的场面,如“车马骈阗”。有的用来描写某种艺术形式,如“龙骧豹变”比喻书法气势壮盛而善于变化;“渴骥奔泉”意思是如同骏马口渴思饮,飞快奔赴甘泉一般,形容书法笔势矫健;“六马仰秣”形容乐声美妙,连马都抬起头倾听,不吃饲料。

本书收录关于马的成语共363条,其中主条194条,异文169条。

鞍马劳顿

［释义］骑马赶路过久，劳累疲困，形容旅途劳累。顿：困顿。

［用例］元杨显之《潇湘雨》第四折：“兴儿，我一路上鞍马劳顿，我权且歇息。”明冯梦龙《醒世恒言 · 张淑儿巧智脱杨生》：“寺门上有金字牌匾名，曰：‘宝华禅寺’。这几个连日鞍马劳顿，见了这么大寺，心中欢喜，一齐下马停车进去游玩。”清钱彩《说岳全传》第四十二回：“恐王侄一路远来，鞍马劳顿，故令王侄回营安歇。”

［用法］主谓式，作谓语。

［异文］（1）鞍马劳倦

明施耐庵《水浒传》第二回：“实不相瞒太公说：‘老母鞍马劳倦，昨夜心痛病发。’”

（2）鞍马劳神

明施耐庵《水浒传》第四十九回：“祝龙答道：‘也未见胜败。众位尊兄鞍马劳神不易。’”

（3）鞍马劳困

元白朴《东墙记》第五折：“马文辅得了头名状元，今日回来，我须迎他进来者。儿鞍马劳困。梅香，叫你姐姐来见学士者。姐姐在那里？”

（4）鞍马之劳

宋黄庭坚《山谷别集 · 题元圣庚富川诗》：“圣庚以王事行，忘鞍马之劳，而以诗句赏江山，可谓能不息者也。”

按图索骥

[释义] 按照画像去寻求好马。1. 比喻办事墨守成规。索:找;骥:良马。

[出处]《汉书·梅福传》:"今不循伯者之道,乃欲以三代选举之法取当时之士,犹察伯乐之图求骐骥于市,而不可得,变已明矣。"

[用例] 宋杨士瀛《仁斋直指·瘟疫方论》:"阴阳之消长,寒暑之更易,或失其常,在智者通其活变,岂可胶柱鼓瑟,按图索骥也耶?"元袁桷《示从子瑛诗》:"隔竹引龟心有想,按图索骥术难灵。"

[释义] 2. 比喻按照线索去寻求。

[用例] 清郑观应《盛世危言·训俗》:"如第一害之汉奸,则上海亦不乏其人,其曾发洋财者可以按图索骥,无可漏遗。"方之《内奸》:"他们按图索骥,提审了严家忠,攻下了曹约翰,然后才杀回马枪找到田玉堂。"

[用法] 偏正式,作谓语、定语、状语,含贬义。

[异文] 按图索骏

宋周密《癸辛杂识续集下·卖阙沈官人》:"虽部胥掌阙簿者,亦不过按图索骏。"宋周密《癸辛杂识后集·向氏书画》:"贾大喜,因遣刘诱以利禄,遂按图索骏,凡百余品皆六朝神品。"

白驹过隙

[释义] 谓日影如白色的骏马,飞快地驰过缝隙,形容时间过得极快。

[出处]《庄子·知北游》:"人生天地之间,若白驹之过隙,忽然而已。"在这段出处里,庄子讲了这样一则寓言故事。孔子问老子什么是道,老子用无为思想回答。意思是说:人生在世,转瞬即逝,万物生死变化,自然消逝;得道的人并不去追求,也不去辩说,这也就是得到了道。

［**用例**］《汉书·魏豹田儋韩王信传》:“汉王谓郦生曰:‘缓颊往说之。’郦生往,豹谢曰:‘人生一世间如白驹过隙耳,今汉王慢而侮人,骂詈诸侯群臣如骂奴耳,非上下之礼也,吾不忍复见。’”《史记·留侯世家》:“吕后德留侯,乃强食之,曰:‘人生一世间,如白驹过隙,何至自苦如此乎!’”

［**用法**］主谓式,作宾语。

［**异文**］(1)驷之过隙

《荀子·礼论》:“三年之丧,二十五月而毕。若驷之过隙,然而遂之,则是无穷也。”

(2)骐骥过隙

元吴莱《渊颖集·观阵彦正观景拄杖歌》:“旦朝举杖向天移,插表测景少参差。骐骥过隙不踰晷,蟾蜍吐波同报时。”

(3)驹光过隙

清桑调元《弢甫集·挽周贡南于度昆弟》:“晨星落落旧朋俦,先后驹光过隙遒。灯火难忘元夕会,风烟遥隔大同秋。”

(4)驹窗电逝

五代杜光庭《广成集·封李真人告词》:“振衣世表,抗迹云间,猒驹窗电逝之劳,得鳌岭云行之趣。”

(5)过隙白驹

元侯克中《艮斋诗集·他日刘牧之回持李鹏举书并所和诗见寄复用前韵答之》:“心声洒洒快吾闻,手毕谆谆愧尔勤。过隙白驹催短景,出门苍狗变浮云。”

(6)窗间过马

元吴弘道《醉高歌·叹世》:“风尘天外飞沙,日月窗间过马。风俗扫地伤王化,谁正人伦大雅。”

白驹空谷

［释义］1. 谓白驹在空谷，比喻贤能之人在野而不能出仕。白驹：白色骏马，比喻贤能者。

［出处］《诗经·小雅·白驹》："皎皎白驹，在彼空谷。"唐孔颖达疏："言有乘皎皎然白驹而去之贤人，今在彼大谷之中。"

［用例］元刘因《风中柳·饮山亭留宿》："我本渔樵，不是白驹空谷。"元郑元祐《风林舒啸图》："舒啸风林秋满蹊，白驹空谷草凄凄。相逢不作苏门听，应有长松鹤未栖。"

［释义］2. 比喻贤能者出仕而谷空。

［用例］《昭明文选·任昉〈为萧扬州荐士表〉》："白驹空谷，振鹭在庭。"唐欧阳询《艺文类聚·职官部六·尹》："方今振鹭盈庭，白驹空谷，惟帝念功，惟明克允。君子之国，幸闻其让；石门之水，获免于贪。"

［用法］主谓式，作宾语。

［异文］(1)驹留空谷

宋史隽之《望海潮·浮远堂》："凤集高冈，驹留空谷接英游。"

(2)空谷白驹

元范梈《谢冷架阁春日东麓见怀》："空谷白驹消息迟，东风杨柳万烟丝。珮环忆为同心赠，书榜传看俊手施。"

宝马香车

［释义］华丽的车子，珍贵的宝马，指考究的车骑。

［出处］唐沈佺期《沈佺期集·上巳日祓禊渭滨应制》："宝马香车清渭滨，红桃碧柳禊堂春。皇情尚忆垂竿佐，天祚先呈捧剑人。"

［**用例**］元王实甫《丽春堂》第三折："冷落了歌儿舞女，空闲了宝马香车。"明邓原岳《西楼全集 · 黄昭质武部典试还朝买广陵罗姬同载戏赠其二》："宝马香车拥翠鬟，满空风雪不知寒。怪来桃李花如许，更买芙蓉帐里看。"

［**用法**］联合式，作宾语、定语。

［**异文**］香车宝马

唐高彦休《唐阙史 · 迎佛骨事》："有僧自京，一步一礼至凤翔法门寺。及到京，则倾城迎请，幡幢珂伞，香车宝马，阗咽衢路。天子御安福楼，降万乘之尊，亲为设礼。"

弊车羸马

［**释义**］破车瘦马，比喻处境贫穷。弊：破。羸：瘦弱。

［**出处**］《三国志 · 吴志 · 刘繇传》："繇伯父宠为汉太尉。"裴松之注引晋司马彪《续汉书》："宠前后历二郡，八居九列，四登三事。家不藏贿，无重宝器，恒菲饮食，薄衣服，弊车羸马，号为窭陋。"

［**用例**］宋苏辙《上皇帝书》："譬如弊车羸马而引丘山之载，幸而无虞，犹恐不能胜。"宋黄榦《勉斋集 · 新淦县学》："知之不至则如擿埴索涂，而有可南可北之疑。行之不力则如弊车羸马，而有中道而废之患。"

［**用法**］联合式，作宾语。

［**异文**］弊车驽马

《晏子春秋 · 晏子布衣栈车而朝田桓子侍景公饮酒请浮之》："若夫弊车驽马以朝，意者非臣之罪乎？"

避世金马

［释义］比喻身为朝官而逃避世务。金马:金马门。

［出处］《史记·滑稽列传》:“(东方朔)时坐席中,酒酣,据地歌曰:‘陆沈于俗,避世金马门。宫殿中可以避世全身,何必深山之中、蒿庐之下!’”

［用例］《北齐书·文苑传·樊逊》:“人有讥其靖默不能趣时者,逊常服东方朔之言,陆沉世欲,避世金马,何必深山蒿芦之下,遂借陆沉公子为主人,拟《客难》,制《客诲》以自广。”明何伟然《十六名家小品·祭比部朱先生文》:“以市朝为隐,以官为寄,以天地为蘧庐,以光阴为过客,若东方生,避世金马焉。”

［用法］偏正式,作宾语,含贬义。

鞭驽策蹇

［释义］鞭打跑不快的马、驴。比喻自己能力低,但受到严格督促,勤奋不息,用作谦辞。

［用例］明张居正《纂修书成辞恩命疏》:“盖五年于兹,而今始克就,鞭驽策蹇,宁靡寸劳。”明陈子龙《安雅堂稿·尚有为》:“今陛下以世变烦兴之会,而丁英贤寥廓之时,鞭驽策蹇,以求千里,何怪其难哉?”

［用法］联合式,作谓语。

兵荒马乱

[释义] 形容战争期间社会混乱不安的景象。荒、乱:指社会秩序不安定。

[出处] 元无名氏《梧桐叶》第四折:“那兵荒马乱,定然遭驱被掳。”

[用例] 明陆华甫《双凤齐鸣记》第二十一折:“乱纷纷,东逃西窜,闹烘烘,兵荒马乱,一路奔回,气尚喘。”清李汝珍《镜花缘》第一回:“此时四处兵荒马乱,朝秦暮楚,我勉强做了一部《旧唐书》,那里还有闲情逸致弄这笔墨。”

[用法] 联合式,作谓语、定语。

兵强马壮

[释义] 兵力强大,马匹健壮。形容军队富有战斗力。

[出处]《新五代史 · 安重荣传》:“天子宁有种耶?兵强马壮者为之尔。”

[用例]《元曲选 · 昊天塔》:“俺想韩延寿那里兵强马壮,只可智取,难以力夺。”明罗贯中《三国演义》第九十七回:“时孔明兵强马壮,粮草丰足,所用之物,一切完备,正要出师。”

[用法] 联合式,作谓语、定语。

伯乐相马

[释义] 指个人或集体发现、推荐、培养和使用人才的人。伯乐：相传为秦穆公时的人，姓孙名阳，善相马。

[出处] 唐马总《意林·周生烈子五卷》："伯乐相马取之于瘦，圣人相士取之于疏。"

[用例] 宋陈渊《默堂集·代安常上福州吴倅》："世称伯乐相马之善工也，人未始知，而彼独知之，是其所以难也。"宋黄震《黄氏日钞·读诸子·吕氏春秋》："养由基射光中石，矢乃饮利，诚乎光也。伯乐相马，所见无非马，诚乎马也。"

[用法] 主谓式，作定语，用于选拔人才。

不食马肝

[释义] 相传马肝有毒，食之能置人于死地。比喻不应研讨的事不去研讨。

[出处]《史记·儒林列传第六十一》："辕固生曰：'必若所云是高帝代秦即天子之位，非邪？'于是景帝曰：'食肉不食马肝。'"

[用例] 明李光元《市南子·孔明自比管乐》："为士者宁执鞭孔明而薄管仲，此与不食马肝无异。"清陈澧《东塾读书记·论语》："凡读书当阙所疑，所谓不食马肝，未为不知味。"

[用法] 动宾式，作谓语。

[异文] (1)毋食马肝

《汉书·辕固传》："食肉毋食马肝，未为不知味也；言学者毋言汤武受命，不为愚。"

(2)食马留肝

宋计有功《唐诗纪事·韦庄》:“但忍其食马留肝,徒云染指;岂虑其烹鱼去乙,或致伤鳞。”

策马飞舆

[**释义**] 指驾马车疾行。

[**出处**]《吴越春秋·勾践归国外传》:“异哉! 大王之择日也,王当疾趋,车驰人走。越王策马飞舆,遂复宫阙。”

[**用例**] 唐杜甫《季夏送乡弟韶陪黄门从叔朝谒》:“又策马飞舆,遂还宫阙。”明冯梦龙《新列国志》第八十回:“王之择日也,无如来日最吉。王宜疾趋以应之,于是策马飞舆,星夜还都。”

[**用法**] 连动式,作谓语。

策驽砺钝

[**释义**] 驱策劣马,磨砺钝刀。谓勉为其难,努力从事。驽:跑不快的马;钝:不锋利的刀。

[**用例**] 宋李纲《李忠定公奏议·辞免第二奏状》:“扶疾就道,既至本路,招捕盗贼,循祔流移,整缉军马,经理财用,策驽砺钝,庶以少副,委任之意,惟知竭力以向前,不虑烦言之在后。”宋文同《丹渊集·陵州谢上任表》:“臣旦夕区区所以留意于其间者,愿持此效仰答恩赐,策驽砺钝不知止息。臣无任喜惧交集,诚悃激切之至。”宋岳飞《岳武穆遗文·御书屯田三事跋》:“伏蒙陛下亲洒宸翰,铺述三子屯田足食之事,俯以赐臣,臣敢不策驽砺钝,仰副圣意万一。”

[**用法**] 联合式,作谓语、定语。

车尘马足

［释义］1. 指车马奔波，亦喻人世俗事。

［出处］宋欧阳修《相州昼锦堂记》："奔走骇汗，羞愧俯伏，以自悔罪于车尘马足之间。"

［用例］明唐寅《桃花庵歌》："但愿老死花酒间，不愿鞠躬车马前。车尘马足贵者趣，酒盏花枝贫者缘。"清曾国藩《槐阴书屋图记》："今五六年间，腐精于案牍，敝形神于车尘马足。曩之不逮，竟不克补。"

［释义］2. 指代车骑，敬称对方时亦用之。

［用例］宋洪迈《容斋续笔·李林甫秦桧》："愿起贱微，致身此地，已不啻足，但受太师生成恩，过于父母。一旦别去，何时复望车尘马足邪？"

［用法］联合式，作宾语、定语。

车驰马骤

［释义］形容车马奔驰迅猛。

［出处］唐薛用弱《集异记·裴通远》："及归，日势已晚，车驰马骤。自平康北街后，乃有白头妪徒步奔走，随车而来，气力殆尽。"

［用例］宋梅尧臣《宛陵集·泗州郡圃四照堂》："官舻客艑满淮汴，车驰马聚无闲时。岂有余力事栋宇，后园荒草长离离。"清施补华《泽雅堂诗集·同刘子彝王兰醉乡游济南城西废园遂至趵突泉遇雨》："车驰马骤乍辛苦，晴游腰脚依然轻。要将七十二泉水，洗我肺腑长孤清。"

［用法］联合式，作宾语、定语。

车殆马烦

［释义］形容旅途劳累疲困。殆:疲乏;烦:烦躁。

［出处］三国魏曹植《洛神赋》:“日既西倾,车殆马烦。”

［用例］清百一居士《壶天录》卷下:“数十里车殆马烦,络绎不绝。”清纪昀《阅微草堂笔记·滦阳消夏录》:“至黄昏乃归,车殆马烦,不胜困惫。”

［用法］联合式,作谓语、定语。

［异文］车怠马烦

南朝宋鲍照《代白纻舞歌词》之一:“车怠马烦客忘归,兰膏明烛承夜辉。”

车马辐辏

［释义］形容车马众多,非常拥挤。辐辏:形容人或货物像车轮上的辐条聚集在车毂上一样。

［出处］南北朝崔鸿《十六国春秋·坚太后苟氏》:“太后以法长且贤,素得众心,疑忌特甚。后游宣明台,见法之第门车马辐辏,惧终为变。”

［用例］清蒲松龄《聊斋志异》:“周村为商贾所集,趁墟者车马辐辏。杨率健丁悉篡夺之,不下数百余头。四方估客,无处控告。”清文康《儿女英雄传》缘起首回:“两旁歧途曲巷中,有无数的车马辐辏,冠盖飞扬,人往人来,十分热闹。”

［用法］主谓式,作宾语、定语。

车马骈阗

［释义］车马聚集很多，形容非常热闹。

［出处］唐杨炯《盈川集·晦日药园诗序》："衣冠杂沓，出城阙面盘游；车马骈阗，俯河滨而帐饮。"

［用例］明凌濛初《拍案惊奇》卷七："玄宗闪开龙目，只见灯影连亘数十里，车马骈阗，士女纷杂，果然与京师无异。"明冯梦龙《警世通言·一窟鬼癞道人除怪》："人烟辐辏，车马骈阗。只见和风扇景，丽日增明。"

［用法］主谓式，作宾语、定语。

车马填门

［释义］车子充满门庭，比喻宾客很多。

［出处］《魏书·广阳王》："是故余人摄选，车马填门；及臣居边，宾游罕至。"

［用例］明曹学佺《石仓诗稿·灵犀行》："侵晨车马填门贺，尽道来迟能取祸。日高尚书拥妾眠，偷眼窗前花影过。"清曹雪芹《红楼梦》第八十五回："这里接连着亲戚族中的人来来去去，闹闹攘攘，车马填门，貂蝉满座。"

［用法］主谓式，作宾语、补语。

［异文］车马盈门

唐封演《封氏闻见记·贡举》："林甫即自闻奏取旨。如泚宾朋谯贺，车马盈门。"

车填马隘

[释义] 指车马填塞门庭道路,形容宾客众多。

[用例] 明高明《琵琶记·牛相教女》:“棨戟门前,平沙堤上,何事车填马隘?”明佚名《金雀记》第四出:“扬鞭争道五侯来。是处车填马隘。小生前者山兄别去。不觉光阴瞬息。”明佚名《运甓记》第四十出:“门焕黄金阀,身披紫绣衣,看车填马隘郊原蔽。”

[用法] 联合式,作谓语、宾语、定语。

车在马前

[释义] 大马拉车在前,小马系在车后。比喻初学者须由简到难,循序渐进地慢慢观察学习。

[出处]《礼记·学记》:“始驾马者反之,车在马前。”孔颖达正义:“车在马前,所以然者,此驹既未曾驾车,若忽驾之,必当惊奔,今以大马牵车于前,而系驹于后,使此驹日日见车之行,其驹惯习而后驾之,不复惊也。”

[用例] 宋晁补之《鸡肋集·治通小序》:“始驾马者,反之车在马前,谓之始驾。人取我予,人予我取,谓之独获。”清潘衍桐《两浙輶轩续录·车儿糖歌》:“车在马前易以人,老境甘蔗而劳薪。佳名添入糖霜谱,冬官亦当考工补。”

[用法] 主谓式,作宾语、定语。

车辙马迹

［释义］车、马走过的痕迹，后亦引申为行踪、踪迹。

［出处］《左传·昭公十二年》："昔穆王欲肆其心，周行天下，将皆必有车辙马迹焉。"

［用例］《旧唐书·李密传》："飘风冻雨，聊窃比于先驱；车辙马迹，遂周行于天下。"清王端履《重论文斋笔录》卷四："秦始皇帝并海宇，传令博士为弦歌，车辙马迹遍天下，虽有刘项如台何。"

［用法］联合式，作宾语、定语。

［异文］车尘马迹

宋朱熹《卧龙庵记》："余既惜其出于荒堙废壤之余，而又幸其深阻夐绝，非车尘马迹之所能到。"

驰马试剑

［释义］跑马舞剑，形容人骑马练剑习武。驰马：骑马飞跑；试：用。

［出处］《孟子·滕文公上》："吾他日未尝学问，好驰马试剑。"

［用例］清弘晓《明善堂诗文集·将进酒》："人当弱冠莫轻过，抗怀在昔长翘企。驰马试剑吾未能，摘句寻章颇自喜。"清吴敬梓《儒林外史》第五十二回："都是胡老八平日相与的些驰马试剑的朋友，今日特来请教凤四老爹的武艺。"

［用法］连动式，作谓语、宾语。

踔厉骏发

［释义］形容雄辩恣肆，议论纵横的样子。踔厉：雄健奋发，腾跃的样子；骏发：像骏马飞驰过一样迅速。

［用例］宋楼钥《攻媿集 · 王魏公文集序》："其称公之文，则曰踔厉骏发，卒归于道。制诰温润丰美，得中和之气；而属辞赡洽，成于口授。"宋孙觌《鸿庆居士集 · 宋故左朝请郎主管亳州明道宫孙公墓志铭》："其论古人成败之迹，圣贤穷达出处之际，援古证今，踔厉骏发，一坐倾听。"清汪琬《尧峰文钞 · 安南日记序》："试读其所与国王书，后先援据故事，踔厉骏发，烂然明析。"

［用法］联合式，作谓语、定语。

大马金刀

［释义］1. 形容豪爽，气派大。

［用例］清李海观《歧路灯》第五十五回："白鸽嘴道：'听说周桥头孙宅二相公，是个好赌家。'夏逢若道：'骑着骆驼耍门扇，那是大马金刀哩，每日上外州外县，一场输赢讲一二千两。咱这小砂锅，也煮不下那九斤重的鳖。'"清文康《儿女英雄传》第八回："那姑娘大马金刀的坐在上面，反眉一皱，说：'你怎么这么俗啊？起来！'"姚雪垠《长夜》三一："我怕伙计跟佃户都叫我得罪完了，你还要埋怨我大处不看小处看，不如你七少爷大马金刀！"

［释义］2. 形容说话直率锋利，不留情面。

［用例］清文康《儿女英雄传》第五回："列公，若论安公子长了这么大，大约除了受父母的教训，还没受过这等大马金刀儿的排揎呢。"清文康《儿女英雄传》第二十一回："只听姑娘向那班人大马金刀的说道：'周韩李三位，前

番承你们看我那张弹弓分上,到淮安走了一趟,我还不曾道得个辛苦,今日又劳你众人远道备礼到此上祭。'"

［用法］联合式,作宾语、定语、状语。

代马依风

［释义］比喻人心眷恋故土,不愿老死他乡。代:古代北方的郡名;代马:北方产的良马。

［出处］《后汉书·班超传》:"超自以久在绝域,年老思土。十二年,上疏曰:'臣闻太公封齐,五世葬周,狐死首丘,代马依风。夫周齐同在中土千里之间,况于远处绝域,小臣能无依风首丘之思哉!'"李贤注:"《韩诗外传》曰'代马依北风,飞鸟扬故巢'也。"

［用例］宋吴泳《鹤林集·老将》:"一从十五长边城,少见兵戈日太平。代马依风都护道,飞鸢熏雾伏波营。"明夏良胜《东洲初稿·病中遣怀十二首》:"代马依风越鸟枝,何人进退独逶迤。圣君恩重亲慈念,我辈无才恨放迟。"

［用法］主谓式,作宾语。

［异文］代马望北

汉王符《潜夫论·实边》:"民之于徙,甚于伏法。伏法不过家一人死尔;诸亡失财货,夺土远移,不习风俗,不便水土,类多灭门,少能还者。代马望北,狐死首丘,边民谨顿,尤恶内留。"

丹书白马

［释义］古代帝王赐给功臣享有世袭爵位和免罪等特权的证明文书时,宰白马歃其血,以示坚守誓约,后人称为"丹书白马"。

［出处］《汉书·高惠高后文功臣表》："申以丹书之信，重以白马之盟。"颜师古注："白马之盟，谓刑白马歃其血以为盟也。"

［用例］唐杨炯《后周青州刺史齐贞公宇文公神道碑》："开国承家，丹书白马。"明唐顺之《荆川集·荥阳行》："君不见丹书白马勒元功，吹箫屠狗俱开国。"

［用法］联合式，作宾语、定语。

单枪匹马

［释义］一支枪，一匹马，原指打仗时一个人冒险冲锋上阵，后比喻行动没人帮助。

［出处］唐汪遵《乌江》："兵散弓残挫虎威，单枪匹马突重围。"

［用例］明梁辰鱼《浣纱记·飞报》："一身转战作先锋，单枪匹马飞鞚，亲遭暗箭身重伤。"清洪升《长生殿·贿权》："那时犯弁杀条血路，奔出重围。单枪匹马身幸免，只指望鉴录微功折罪愆。"

［用法］联合式，作主语、定语、状语。

［异文］(1)匹马单枪

宋道元《景德传灯录》卷十二："汝州南院和尚问：'匹马单枪来时如何？'师曰：'待我斫棒。'"

(2)匹马单鎗

宋普济《五灯会元·天圣皓泰禅师》："埋兵掉斗，未是作家。匹马单鎗，便请相见。"

(3)单枪独马

清蘧园《负曝闲谈》第二回："他横竖是单枪独马，一无牵挂，当下由杭赴苏，寻找了那位帮带。"

东风射马耳

［释义］如风从马耳边吹过，比喻对事情漠不关心，无动于衷，当作耳旁风。射：射入、灌入。

［出处］唐李白《答王十二寒夜独钓有怀》："世人闻此皆掉头，有如东风射马耳。"

［用例］清齐学裘《劫余诗选·喜晤侄孙又东石庄》："倚马试万言，不及一杯水。持此以向人，东风射马耳。我辈生此时，徒生实可耻。"清吴省钦《白华前稿·玉峰过曹习庵》："玉山山色佳如此，玉山山人唤不起。迟君同上缺瓜船，世事东风射马耳。"

［用法］主谓式，作宾语、定语。

［异文］（1）东风吹马耳

元黄玠《弁山小隐吟录·次韵戴彦叔见寄》："富贵不来良已巳，万事东风吹马耳。赌棋别墅要自佳，谁能更为苍生起。"

（2）马耳春风

金元好问《谷圣灯》："纷纷世议何足道，尽付马耳春风前。"

（3）马耳东风

宋苏轼《和何长官六言次韵五首》诗之五："说向市朝公子，何殊马耳东风。"

（4）东风马耳

宋范成大《石湖诗集·丙午新正书怀十首》："栗里归来窗下卧，香山老去病中诗。东风马耳尘劳后，半夜鸡声睡熟时。"

（5）风吹马耳

宋郭祥正《青山续集·夜聚杨节之秘校廨厨》："云乱海天低，风吹马耳破。黄昏访主人，同向幽斋坐。"

斗鸡走马

［**释义**］斗鸡赛马，指古代的赌博游戏。

［**出处**］《汉书·宣帝纪》："宣帝受《诗》于东海澓中翁，高材好学，然亦喜游侠，斗鸡走马。"

［**用例**］《魏书·长孙道生传》："稚（长孙稚）少轻侠，斗鸡走马。"明何景明《邯郸行》："鸣鸾佩玉青云间，斗鸡走马红尘里。"

［**用法**］联合式，作谓语、定语，用于书面语。

短衣匹马

［**释义**］穿着短衣，骑一匹骏马，形容士兵英姿矫健的样子。短衣：短装，古代为平民、士兵等的服装。

［**出处**］唐杜甫《曲江》："短衣匹马随李广，看射猛虎终残年。"

［**用例**］宋韩驹《陵阳集·二十九日戎服按军城外向仪曹亦至戏赠一首》："边圉未靖壮士耻，子虽年少有典型。短衣匹马肯从我，与子北涉单于庭。"宋王质《雪山集·满江红（幕府诸公郊外同集以病不去）》："十月小春逢此日，一时胜事输公等。问短衣匹马射南山，何人肯？"

［**用法**］联合式，作宾语、定语。

二童一马

［**释义**］用以指少年时代的好友。

［**出处**］南朝宋刘义庆《世说新语·品藻》："殷侯既废，桓公语诸人曰：

‘少时与渊源共骑竹马,我弃去,已辄取之,故当出我下。’”

［**用例**］宋刘克庄《汉宫春·陈尚书生日》:“烦借问,二童一马,几时入尉瞻仪?”宋李曾伯《可斋杂稿·壬午昌化道间》:“暑雨祁寒路两经,二童一马影玲娉。檜花夜滴溪添绿,云叶暮横山减青。”

［**用法**］联合式,作宾语、定语。

飞鹰走马

［**释义**］放鹰追捕和骑马追逐鸟兽,指打猎。

［**出处**］宋李焘《续资治通鉴长编·英宗》:“唯户部侍郎致仕孙沔,尚在沔守环庆,养练士卒,招抚蕃部,恩信著于一方。今虽七十,闻其心力不衰,飞鹰走马尚如平日。”

［**用例**］宋欧阳修《乞奖用孙沔札子》:“沔今年虽七十,闻其心力不衰,飞鹰走马尚如平日。”明陈师《禅寄笔谈·贤媛》:“寇莱公少时,不修小节,颇爱飞鹰走马。太夫人性严,每不胜怒。”

［**用法**］联合式,作宾语、定语。

非驴非马

［**释义**］形容似像不像,不伦不类。

［**出处**］《汉书·西域传下·渠犁》:“(龟兹王)后数来朝贺,乐汉衣服制度,归其国,治宫室,作徼道周卫,出入传呼,撞钟鼓,如汉家仪。外国胡人皆曰:‘驴非驴,马非马,若龟兹王,所谓骡也。’”在这段出处里,有这样一个故事:汉时,现在的新疆一带被称为西域。西域有几十个小国,其中有个龟兹国(在今新疆库车县和沙雅县一带)。汉宣帝时,龟兹国王绛宾娶汉解忧公主女,同来长安朝贺。他曾受到汉朝的款待,留住了一年。回去时,汉朝还

赠送给他许多礼物。以后,他又继续来过几次,与汉朝结下深厚的友谊。这位龟兹国王很喜欢汉朝的宫廷生活。因此,他在国内也仿效着修造起汉式宫殿来,宫中的器物陈设、嫔妃侍从的衣服装饰,以及一切日常制度,也都竭力模仿汉式;每天也举行朝会,撞钟击鼓,传呼朝拜,同汉朝的仪式相仿。西域各国见龟兹国行这一套规矩,都觉得好笑,说:“驴非驴,马非马,倒像一头骡!”但是,龟兹王并未听从他们的意见,龟兹在后来一直随行汉制。

[**用例**] 清施补华《泽雅堂诗二集·杂感六章》:“非驴非马从长征,万里之外叨专城。白日萧然魍魉影,青天何处雷霆声。”清张之洞《劝学篇·明纲第三》:“中无此政,西无此教,所谓非驴非马,吾恐地球万国将众恶而共弃之也。”

[**用法**] 联合式,作谓语、状语、补语。

肥马轻裘

[**释义**] 骑肥壮的马,穿轻暖的皮衣,形容富裕阔绰的生活。裘:皮衣。

[**出处**]《论语·雍也》:“赤之适齐也,乘肥马,衣轻裘。”

[**用例**] 唐白居易《闲适》:“肥马轻裘还且有,粗歌薄酒亦相随。”清曹雪芹《红楼梦》第七十九回:“古人异姓陌路,尚然‘肥马轻裘,敝之无憾’,何况咱们?”

[**用法**] 联合式,作谓语、定语。

[**异文**] (1)轻裘肥马

唐牛僧孺《幽怪录·党氏女》:“既而渐大,轻裘肥马,恣其出入。于是交游少年,歌楼酒肆,悦音恣博,日不暂息。”

(2)衣马轻肥

五代刘昫《旧唐书·崔玄暐》:“子从宦者,有人来云贫乏不能存,此是好消息。若闻赀货充足,衣马轻肥,此恶消息。”

(3)裘马轻肥

元董寿民《元懒翁诗集·吾庐》:“裘马轻肥总任渠,谁知吾自爱吾庐。好山当户云描尽,落叶满阶风扫除。”

风马牛不相及

[释义] 泛指事物彼此毫不相干。风:放也,牝牡相诱谓之风。

[出处]《左传·僖公四年》:“四年,春,齐侯以诸侯之师侵蔡,蔡溃,遂伐楚。楚子使与师言曰:‘君处北海,寡人处南海,唯是风马牛不相及也。不虞君之涉吾地也,何故?’”在这段出处里,有这样一个故事:春秋时代的齐桓公,是著名的霸主,不少诸侯小国,听他指挥。南方的楚国,也是个大国,距离齐国又较远,所以它没有向齐桓公低头。楚国北边有个小小蔡国,并不尊重齐国,而是向它的南邻楚国靠拢。齐桓公便借故兴师,讨伐蔡国。齐国纠合了鲁、宋、陈、卫、郑、许、曹,连同本国,共八个诸侯国的兵力,南下攻打一个小小的蔡国,当然很轻易地一下子就把它打垮了。然后,齐桓公命令联军继续南进,讨伐楚国。部队进入楚国的陉(在今河南省漯河市郾城区东南)时,楚成王派大臣屈完去责问齐桓公:“你们住在北方,我们住在南方,中间相隔遥远,真是风马牛不相及。没有料到你们竟然兴师侵入我国领土,不知你们师出何名?”在屈完不卑不亢的言辞下,齐国见对方人多势大,真打起来,未必能胜,便表示愿意结盟和好。

[用例] 宋杨万里《新喻知县刘公墓表》:“士大夫僭爵赋禄,任民之安危福祸而漠然,塞耳关口,视若风马牛不相及。”明汤显祖《南柯记》第二十九出:“太子,君处江北,妾处江南,风马牛不相及也,不意太子之涉吾境也,何故?”

[用法] 复句式,作宾语、定语、补语。

[异文] (1)马牛其风

宋钱时《融堂书解·费誓》:“自今惟淫舍牿牛马而下,谨牧放也。自马牛其风而下,严军律也。”

(2)风马不接

《宋书·王弘之传》:"凡祖离送别,必在有情,下官与殷风马不接,无缘扈从。"

风马云车

[释义] 以云为车,以风为马,指神仙的车马。

[出处] 晋傅玄《吴楚歌》:"云为车兮风为马,玉在山兮兰在野。"

[用例] 唐柳宗元《雷塘祷雨文》:"风马云车,肃焉徘徊。"宋欧阳修《会圣宫颂》:"圣兮在天,风马云车;其来仙仙,圣会于此。"

[用法] 联合式,作宾语、定语。

[异文] (1)云车风马

宋范成大《腊月村田乐府·祭灶词》:"古传腊月二十四,灶君朝天欲言事,云车风马小留连,家有杯盘丰典祀。"

(2)风车雨马

唐李商隐《燕台诗·冬》之四:"风车雨马不持去,蜡烛啼红怨天曙。"

(3)风车云马

清陆嵩《意苕山馆诗稿·二鬼》:"风车云马肆钩结,窃弄威福矜披猖。"

风樯阵马

[释义] 风中的樯帆,阵上的战马。1. 比喻行进的速度很快,气势勇猛。樯:船上用的桅杆;风樯:风帆;阵马:战马。

[出处] 唐杜牧《〈李贺歌诗集〉序》:"风樯阵马,不足为其勇也,瓦棺篆鼎,不足为其古也。"

[用例] 宋胡仔《苕溪渔隐丛话前集·韦苏州》:"欲求此梦,了不可得,

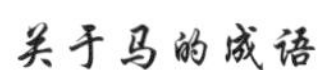

岂蒹葭莽苍，无三湘七泽之壮，雪蓬烟艇，无风樯阵马之奇乎？"清周亮工《书影》卷三："长吉不世才，韩吏部勇之以'风樯阵马'，古之以'瓦棺篆鼎'，虚幻之以'鲸鳌鬼神不可测'。"

［释义］2. 比喻文笔遒劲。

［用例］清钱谦益《杜弢武全集序》："军书羽檄，汗简错互，风樯阵马，笔墨横飞。"清钱谦益《孙幼度诗序》："幼度之诗，有光熊熊然，有气灏灏然，一以为号鲸鸣鼍，一以为风樯阵马。"

［用法］联合式，作谓语、定语。

［异文］阵马风樯

宋范浚《香溪集·代贺章察院启》："奇节凛秋霜昆玉之姿，秀世高文，挟阵马风樯之气。"

凤翥龙骧

［释义］形容志存高远，力图奋发有为。翥：高飞；龙：高大的马，古称八尺以上的马为龙；龙骧：马昂首腾跃的样子。

［出处］宋陈德武《望海潮·拱日亭》："山涯海角，天高地厚，长安举首何妨。万水朝宗，众星环极，平生此志无忘。亭上一翱翔。见烟收雾敛，凤翥龙骧。海色苍凄，金乌拍翅上扶桑。"

［用例］明孙柚《琴心记·牛酒交欢》："新筑沙堤行宰相，喜今朝凤翥龙骧，燕友逢春，莺朋出谷。"明杨荣《度居庸关》："居庸峻绝自天成，凤翥龙骧壮北京。猛士防边严柝响，行人驻马听泉声。"

［用法］联合式，作谓语、宾语、定语。

服牛乘马

［释义］役使牛马驾车。服:驾,拉车。

［出处］《周易·系辞下》:“服牛乘马,引重致远,以利天下。”

［用例］《汉书·董仲舒传》:“服牛乘马,圈豹槛虎,是其得天之灵,贵于物也。”《新唐书·王求礼传》:“自轩辕以来,服牛乘马,今辇以人负,则人代畜。”

［用法］联合式,作谓语,用于人。

［异文］乘马服牛

《管子·右务市事》:“天下乘马服牛,而任之轻重有制,有壹宿之行,道之远近有数矣。”

附骥名彰

［释义］指依附于有名望者,使自己显名于世。骥:千里马;彰:显著。

［出处］《史记·伯夷列传》:“伯夷、叔齐虽贤,得夫子而名益彰。颜渊虽笃学,附骥尾而行益显。岩穴之士,趣舍有时若此,类名堙灭而不称,悲夫!闾巷之人,欲砥行立名者,非附青云之士,恶能施于后世哉?”

在这段出处里,有这样一个故事:伯夷、叔齐是商代孤竹君的两个儿子,孤竹君以叔齐为继承人。孤竹君死后,叔齐让位给伯夷,伯夷不接受,叔齐随伯夷至周。武王伐纣时,他们认为“臣弑君不仁”,阻拦武王伐纣。周武王灭商后,伯夷、叔齐逃隐首阳山,不吃周粟而死。司马迁在评价他们的为人时说:“伯夷、叔齐虽然贤德,是由于孔子的评论才得以著名。颜回之所以出名,是因为以孔子为师。”

“附骥”又见南朝梁萧统《昭明文选·王褒〈四子讲德论〉》,其中说:“夫蚊虻终日经营,不能越阶序,附骥尾则涉千里。”意思是,蚊蝇整日忙忙碌碌,不能超越门庭附近,只有依附在骏马之尾,才得以远涉千里。

[**用例**] 清陈祖法《古处斋诗集·上蒋虎臣先生》:“阅今二十二载中,寒暑升沉,变幻百端,其间列显要,置华膴,附骥名彰者,不多数人。”清茹纶常《容斋文钞·与汪石潭比部》:“仆才质蹇驽,学植荒落,诚不足言。然没世不称,君子疾之,附骥名彰,昔人所愿。”

[**用法**] 连动式,作谓语、定语。

[**异文**] 附于骥尾

宋黄庭坚《山谷外集·问婚书》:“青蝇附于骥尾,非吾偶之可讥;女萝施于松枝,亢衰宗之为幸。”

附骥攀鳞

[**释义**] 比喻追随有名望的人左右,依附其成名。

[**出处**] 汉王褒《四子讲德论》:“夫蚊虻终日经营,不能越阶序,附骥尾则涉千里,攀鸿翮则翔四海。”

[**用例**] 宋史浩《鄮峰真隐漫录·及第谢秦内翰启》:“某敢不益坚操履,深懋进修,附骥攀鳞。犹念昔年之场屋,砻刀错玉,正祈此日之陶熔,誓竭驽才,仰酬洪造。”宋惠洪《石门文字禅·代夏均甫宴人致语》:“青天白日心常在,附骥攀鳞志未摧。累足待公成相业,更随风驭看蓬莱。”

[**用法**] 联合式,作谓语、定语,含贬义。

[**异文**] (1)附于骥尾

宋黄庭坚《山谷外集·问婚书》:“青蝇附于骥尾,非吾偶之可讥;女萝施于松枝,亢衰宗之为幸。”

(2)蝇随骥尾

宋戴复古《石屏诗集·饮中》:“蝇随骥尾宜千里,鹤在鸡群亦九皋。贤似屈平因独醒,不禁憔悴赋离骚。”

(3)托骥之蝇

元许谦《白云集·上宪使刘约齐启》:“譬为山,方覆一篑而进,俄哲人梦奠两楹之间,欲为托骥之蝇,遂作丧家之狗。”

(4)附骥攀鸿

宋李廷忠《橘山四六·谢陈中书举升陟》:“某敢不务澡其身,益耘所学,衔环结草,未足酬咳唾之恩,附骥攀鸿尚许借飞腾之势。”

高头大马

[**释义**] 1. 指体形高大的马。

[**出处**] 明洪楩辑《清平山堂话本·杨温拦路虎传》:“这汉子坐下骑着一匹高头大马,前面一个拿着一条齐眉木棒,棒头挑着一个银丝笠儿。”

[**用例**] 清褚人获《隋唐演义》第十一回:“这个人浑身都是新衣服,铺盖齐整,随身有兵器,骑的是高头大马。”清李宝嘉《官场现形记》卷二十四:“那天四更头里,贾大少爷换了一身簇新的行装,拢齐亲兵小队,跨了一匹高头大马,亲到工上督率。”

[**释义**] 2. 比喻人的体形高大。

[**用例**]《新民晚报》1992. 10. 14:“安排个子矮小的亚洲人担任重要的职位来指挥高头大马的澳洲人,似乎不合理。”

[**用法**] 联合式,作宾语、定语、状语。

弓调马服

［释义］比喻办任何事情，应先做好准备工作。调：调好；服：驯服。

［出处］《荀子·哀公》：“弓调而后求劲焉，马服而后求良焉。”

［用例］明钱一本《范衍·皇极畴》：“弓调马服，车轮历辘，四海安澜。”清吴襄《子史精华·语部二》：“故弓调马服，不长一类不私一物。”

［用法］联合式，作宾语、定语。

光车骏马

［释义］指装饰华丽的车马，用于形容奢华的生活。光车：有光彩、华丽的车。

［出处］晋陆机《陆士衡文集·百年歌·挽歌》：“光车骏马游都城，高谈雅步何盈盈。”

［用例］唐李颀《送刘四赴夏县》：“明主拜官麒麟阁，光车骏马看玉童。高人往来庐山远，隐士往来张长公。”

［用法］联合式，作主语、宾语、定语。

归马放牛

［释义］形容战争结束，不再用兵征战，恢复和平生活。

［出处］《尚书·武成》：“乃偃武修文，归马于华山之阳，放牛于桃林之野，示天下弗服。”在这段出处里，有这样一个故事：据古史记载，商纣王荒淫无度，暴虐不道，诸侯都反对他，老百姓更是怨声载道。周武王起兵伐纣，各

地响应,万民拥护,军事进展十分顺利。

两军在商都朝歌西南郊的牧野(在今河南汲县一带)展开决战。周武王的军队是正义之师,士卒除暴安民,奋勇当先。商纣王的军队则不然,他们眼见商朝已临末日,不愿意出力拼命,刚一接触就土崩瓦解,全部溃退了,并且纷纷起义,倒戈相向。纣王见大势已去,就自焚而死。商朝于是灭亡。

周武王灭了商朝,胜利而归,建立起周朝,以镐为京城,称为镐京(在今陕西省西安市西南,原周文王的都城丰邑附近)。有鉴于纣王的残暴统治,周武王决定停止武备,施行文教,把战马放归华山的南面,把牛放回桃林的旷野,向天下表示不用它们。“归马”“放牛”就是把战时征用的牛马一律放归到农牧业生产上去,意谓不再使用武力。

[**用例**] 宋曾慥《高斋漫录》:“周王伐商,一戎衣而天下大定。归马放牛,偃武修文,是识‘武’字者也。”元辛文房《唐才子传 · 刘驾》:“时国家复河湟,故地有归马放牛之象。”

[**用法**] 联合式,作谓语、宾语。

[**异文**] (1)马入华山

北周庾信《贺平邺都表》:“当今鹿台已散,离宫已遣,兵藏武库,马入华山。”

(2)马放南山

清李世忠《梨园集成 · 大香山》:“何信有本启奏,我主登基,刀枪归库,马放南山。”

(3)放马华阳

北魏郦道元《水经注 · 河四》:“武王伐纣,天下既定,王巡岳渎,放马华阳,散牛桃林,即此处也,其中多野马。”

(4)休牛归马

《艺文类聚 · 晋穆帝引晋穆帝哀策文》:“风扫天宇,休牛归马,卷旗卧鼓,俾我蒸民。”

(5)休牛散马

《隋书 · 薛道衡传》:“于是八荒无外,九服大同,四海为家,万里为宅。

仍休牛散马，偃武修文。”

(6)休牛放马

晋葛洪《抱朴子内篇·释滞》：“世道夷则奇士退，今丧乱既平，休牛放马，烽燧灭影，干戈载戢，繁弱既韬，卢鹊将烹。子房出玄帷而反闾巷，信越释甲胄而修鱼钓，况乎学仙之士，万未有一，国家吝此以何为哉？”

(7)放牛归马

清侯方域《赠季弟序》：“往吾祖父遭明代盛时，二百年之间，放牛归马，天下习之，士非登甲科不贵。”

害群之马

[释义] 危害马群的劣马。比喻危害集体的人。

[出处]《庄子·徐无鬼》：“夫为天下者，亦奚以异乎牧马者哉？亦去其害马者而已矣！”

[用例] 宋李焘《续资治通鉴长编·太宗》：“然此等务行巇崄，若小得志，即复结朋植党，恣其毁誉，如害群之马，岂宜轻议哉？”清袁枚《书院议》：“而此二三十人者，师师友友，弦歌先王之道以自乐，则又安得有害群之马。”

[用法] 偏正式，作宾语、定语，含贬义。

汗马之劳

[释义] 指做战时，战马奔驰而大量出汗。1. 指征战的劳苦，亦指战功，或工作的成绩与辛劳，已不限于军事方面。汗马：古时作战多用马，战马疾驰疆场，冲锋陷阵，每战都要出很多汗。战斗次数越多，战况越激烈，出汗当然也越多。因此，形容有战功，就叫“汗马”。

[出处]《韩非子·五蠹》：“其患御者积于私门，尽货赂而用重人之谒，

退汗马之劳。”意思是:玩弄权术的亲信集聚在权贵豪门之下,搜刮财物,并受这些有权势的人的委托,把真正有功劳的人摒弃在外。

与这条成语有关的,有这样两个故事。《史记·晋世家》叙述春秋时晋文公的一段故事时,也提到“汗马之劳”这个成语。晋文公,名重耳,是晋献公的儿子,所以又称公子重耳。他曾流亡国外达十九年之久,后来回国做了国君,称霸一时。他回国即位为晋文公,给当年跟随他流亡的人员,一一论功行赏。有个小臣名叫介之推,不求赏赐,躲到深山里隐居起来。另一个小臣名叫壶叔,见三次行赏都没有他的份儿,便对晋文公说:“君行三赏,赏不及臣,敢请罪!”晋文公当即把行赏的原则向他说明:“夫导我以仁义,防我以德惠,此受上赏;辅我以行,卒以成立,此受次赏;矢石(箭矢炮石)之难,汗马之劳,此复受次赏;若以力事我而无补我缺者,此复受次赏。三赏之后,故且及子。”

《史记·萧相国世家》和《汉书·萧何曹参传》也有一段有关“汗马之劳”的故事。萧何是汉高祖刘邦的同乡。刘邦起兵反秦,萧何是刘邦最可靠的得力助手。秦亡以后,刘邦打败了项羽,建立汉朝,做了皇帝,萧何担任相国。刘邦认为论功劳,应以萧何为第一,所以首先封他为“酂侯”(酂,县名,今湖北省光化县),食邑八千户。其余功臣多不服,他们说:“我们拼死拼命,多的经过百余战,少的也打过几十仗,而萧何未有汗马之劳,只会耍笔杆、发议论,根本没上过战场,封赏反在我们之上,这是什么道理?”刘邦问道:“你们知道打猎的事吗?”大家同声回答:“知道。”再问道:“那么你们知道猎狗吗?”又是同声回答:“知道。”刘邦于是接着说:“打猎的时候,追杀野兽的是狗,而指示野兽的住处、去向,让狗去追杀的,却是人(‘夫猎,追杀兽兔者狗也,发踪指示者人也’)。你们只会追杀,不过是‘功狗’而已,至于萧何,能‘发踪指示’,他才是‘功人’。而且,你们多数是单身跟随我,有同族两三人一起入伍的就算难得了,可是萧何,他叫全家族的几十个男子都参加了我们的军队,跟着我一同出力。他的大功劳是怎么也不能忘记的!”大家听了,便谁也不吭声了。

[**用例**]《汉书·萧何曹参传》:“今萧何未有汗马之劳,徒持文墨议论,

不战顾居臣等上,何也?”唐刘禹锡《请赴行营表》:“自忝藩翰,属时清平,无施汗马之劳,但咏櫜弓之什。”

[**释义**] 2. 指用马运输的劳累。

[**用例**]《战国策 · 楚策一》:“舫船载卒,一舫载五十人,与三月之粮,下水而浮,一日行三百余里;里数虽多,不费汗马之劳。”

[**用法**] 偏正式,作宾语。

[**异文**] (1)汗马功劳

明抱瓮老人《今古奇观 · 蔡小姐忍辱报仇》:“蔡氏当先有汗马功劳,不可令其无后。”

(2)汗马功绩

明佚名《精忠记》第二十五出:“多应是加官受赏拜丹墀,因此上无暇修书,何须忧忠,不久定有归期,重开绮席,那其间骨肉仍欢会,感皇恩宠锡无穷,端不负汗马功绩。”

(3)汗马勋劳

明韩雍《襄毅文集 · 思亲堂为邻友唐户侯题》:“汗马勋劳衍后昆,银章世守禄常存。空堂日日瞻遗像,一念难忘罔极恩。”

(4)汗马之功

宋范祖禹《范太史集 · 王延嗣传》:“虽万乘之尊,三公之贵,尤当以汉文公孙为法。顾予何人,既无汗马之功,复无筹幄之佐,徒借季父之贵,得依余庥,不耕而食,不织而衣。”

(5)汗马之绩

唐张说《张燕公集 · 为建安王让羽林卫大将军兼检校司宾卿表》:“顷属山戎自擅,王师震加,谬当推毂之礼,竟空汗马之绩。”

横戈跃马

［释义］指手持武器，纵马驰骋。形容将士威风凛凛，准备冲杀作战的英勇姿态。

［出处］《资治通鉴·后梁太祖开平二年》："瑾年十六七即横戈跃马，冲犯大敌，未尝畏慑。"

［用例］明邵圭洁《北虞遗文·沁园春》："争霸图王，横戈跃马，多少兴亡。笑纸上兵书，总余陈迹，眼前灯戏，又作戎场。"清龚鼎孳《定山堂诗集·文漪之官天台并以为寿》："珠楼笑指青丝络，羽扇人如白玉枝。矫首万方犹战斗，横戈跃马未须迟。"

［用法］联合式，作谓语、定语。

［异文］(1)横刀跃马

明罗贯中《三国演义》第三十五回："吕翔引军便走，行不数里路，傍一军突出为首大将，横刀跃马，乃关云长也。"

(2)横枪跃马

元陈以仁《雁门关存孝打虎》："见一人雄赳赳披袍擐甲，嗔忿忿横枪跃马。"

(3)横戈盘马

宋陆游《蝶恋花·离小益作》："忽记横戈盘马处，散关清渭应如故。"

呼牛呼马

［释义］称我牛也好，称我马也好。指毁誉由人，悉听自然。呼：称呼。

［出处］《庄子·天道》："昔者子呼我牛也，而谓之牛；呼我马也，而谓之马。苟有其实，人与之名而弗受，再受其殃。"

[用例] 明林瑭《有感》:“午窗慵起理残经,巧思萦心觉费神。维鹊维鸠求自得,呼牛呼马任伊人。”清李渔《闲情偶寄·种植·草本》:“前人署牡丹以花王,署芍药以花相……花神有灵,付之勿较,呼牛呼马,听之而已。”

[用法] 联合式,作谓语。

[异文] 呼牛作马

明徐复祚《宵光记·慰弟》:“时不偶,且躬操敝帚,任他人呼牛作马,只低头。”

虎跃龙骧

[释义] 形容威武雄壮。

[出处] 宋刘克庄《后村居士集》:“有《谷梁》之洁,而寓《离骚》之幽;有相如之丽,而得退之之正。霜明玉莹,虎跃龙骧,闳肆瑰奇,超迈特立。”

[用例] 明方孝孺《尚友五赞·诸葛武侯》:“惟忠武公,千载一人。综核万变,以义而动。虎跃龙骧,天下震恐。”明李春芳《贻安堂集·定国公敬斋徐公墓志铭》:“于赫圣祖,奋起濠梁。中山景从,虎跃龙骧。有季嗣兴,武烈载张。勋着开靖,名列旂常。”

[用法] 联合式,作宾语、定语。

骅骝开道

[释义] 红色的骏马在前引路。指古代高级官僚出行,仪仗以马匹为前导。骅骝:指赤红色的骏马。

[出处] 唐杜甫《杜工部集·奉赠鲜于京兆二十韵》:“始见张京兆,宜居汉近臣。骅骝开道路,雕鹗离风尘。”

[用例] 宋陆游《剑南诗稿·思蜀》:“园庐已卜锦城东,乘驿归来更得

穷。只道骅骝开道路,岂知鱼鸟困池笼。”清吴敬梓《儒林外史》第七回:“只道骅骝开道,原来天府夔龙。”

［用法］主谓式,作宾语。

骥服盐车

［释义］驰骋千里的千里马,却用来拖拉盐车。比喻使用人才不当。服:驾驭。

［出处］《战国策·楚策四》:“夫骥之齿至矣,服盐车而上太行,蹄申膝折,尾湛胕溃,漉汁洒地,白汗交流,中阪迁延,负辕不能上。伯乐(孙阳)遭之,下车攀而哭之,解纻衣以幂之。骥于是俯而喷,仰而鸣,声达于天,若出金石声者,何也?彼见伯乐之知己也。”

［用例］元马祖常《石田文集·反铜马式歌送熊太古》:“古来相马不相皮,骥服盐车双耳垂。辕下局促上九坂,蹑云骏足何由驰。”清彭蕴章《归朴龛丛稿·刑部主事马君哀词并序》:“勉趋衙而读律十年郎署兮,骥服盐车苦吟一卷兮,独饮一壶如梅之瘦兮,如鹤之癯惟滂沛其言论兮。”

［用法］主谓式,作宾语、定语,含贬义。

［异文］(1)骥伏盐车

宋黄庭坚《次韵晁补之廖正一赠答诗》:“骥伏盐车不称情,轻裘肥马凤凰城。”

(2)骏骨牵盐

唐陆龟蒙《记事》:“骏骨正牵盐,《玄》文终覆酱。”

骥子龙文

［释义］称赞人才华出众，或赞誉别人的子弟才能杰出。骥子：千里马；龙文：骏马名，旧时多指神童。

［出处］《北史·裴延俊传》："延俊从父兄宣明二子景鸾、景鸿，并有逸才，河东呼景鸾为骥子，景鸿为龙文。"

［用例］明姚希孟《响玉集·刻两儿鷇音小序》："处非其据，而射覆者又复以为宜，身非宣明，岂真有骥子龙文，萃于衰门哉？"清孙治《孙宇台集·孙谏仪文序》："谏仪兄弟驱其全力，以文章蜚鸣于武林，有骥子龙文之号。"

［用法］联合式，作宾语、定语。

家骥人璧

［释义］喻指优秀人才。

［用例］明王廷陈《梦泽集·寄童内方》："又睹近者觚翰之流，家骥人璧，欲应时改，辙则故步或失。"明胡应麟《诗薮·国朝下》："穆庙时，寓内承平，荐绅韦布，操觚令简，家骥人璧，云集都下。"明胡应麟《少室山房集·报吴叔通》："足下崛起颓波力，追曩哲即大浙之西，家骥人璧，分庭抗礼，寡见其俦矣。"

［用法］联合式，作宾语、定语，用于比喻句。

见鞍思马

［释义］形容睹物而兴起思念之情。

［出处］宋石介《徂徕石先生文集·感兴》："倚鞍思骏骨，抚辔念绿駬。"

[用例] 明汤显祖《紫钗记》第四十六出:“休喳！俺见鞍思马,难道他是野草闲花?”明凌蒙初《初刻拍案惊奇》卷十九:“看见旧时船中掠去锦绣衣服,宝玩器皿等物,都在申兰家里。正是见鞍思马,睹物伤情。每遇一件,常自暗中哭泣多时。”

[用法] 连动式,作谓语。

结驷连骑

[释义] 高车骏马连接成队,形容高贵显赫、排场阔绰。驷:古时一乘车所套的四匹马;骑:骑马的人。

[出处]《史记 · 仲尼弟子列传》:“子贡相卫,而结驷连骑,排藜藿,入穷阎,过谢原宪。”

[用例]《汉书 · 货殖传》:“子赣结驷连骑,束帛之币聘享诸侯,所至国君无不分庭与之抗礼。”《宋书 · 后妃传 · 前废帝何皇后》:“迈每游履,辄结驷连骑,武士成群。”

[用法] 联合式,作宾语、定语。

[异文] (1)结驷列骑

《韩诗外传》卷九:“楚欲以我为相。今日相,即结驷列骑,食方丈于前,如何?”

(2)结驷连镳

南北朝萧统《昭明太子集 · 陶渊明集序》:“结驷连镳之游,侈袂执圭之贵。”

桀骜不驯

［释义］比喻凶悍倔强，傲慢不顺从。桀：凶暴；骜：马不驯良。

［出处］南北朝崔鸿《十六国春秋·石闵》："闵曰：'天下大乱，尔曹鲜卑，桀骜不驯，尚欲篡逆，我一时英雄，何为不可作帝王耶？'"

［用例］清文康《儿女英雄传》第十八回："到了五六岁上，识字读书，聪明出众。只是生成一个桀骜不驯的性子，顽劣异常。"清无名氏《广东军务记》："养其桀骜不驯之心，纵其贪狼自肆之欲，进而日上，得遂无厌。"

［用法］联合式，作谓语、定语。

［异文］(1)桀骜不逊

宋陈亮《酌古论·先主》："臣恐既解之后，胜者张势，败者阻险，桀骜不逊，以拒陛下。"

(2)桀骜不恭

明冯梦龙《东周列国志》第六七回："围乃共王之庶子，年齿最长，为人桀骜不恭，耻居人下，恃其才器，阴畜不臣之志。"

(3)桀骜难驯

《清史稿·土司传六·甘肃》："故土官易制，绝不类蜀黔诸土司桀骜难驯也。"

金戈铁马

［释义］闪耀着金光的戈，配备了铁甲的马。1.谓战事，兵事。

［用例］唐颜真卿《颜鲁公文集·读中兴颂碑》："金戈铁马从西来，郭公凛凛英雄才。举旗为风偃为雨，洒洒九庙无尘埃。"唐李袭吉《为周晋王贻梁祖书》："金戈铁马，蹂躏于明时。"元萨都剌《登歌风台》："淮阴少年韩将军，

金戈铁马立战勋。”

［释义］2. 形容威武雄壮的士兵和战马。

［用例］宋辛弃疾《永遇乐·京口北固亭怀古》:“想当年金戈铁马,气吞万里如虎。”清百一居士《壶天录》卷下:“但闻金戈铁马,以及呼号之声,则幻而又幻矣。”

［用法］联合式,作谓语、宾语、定语。

［异文］(1)金戈铁骑

清汪琬《〈苑西集〉序》:“我太祖、太宗发祥之址,与夫金戈铁骑百战创业之区,皆所跋涉而导从。”

(2)铁马金戈

宋李纲《以旧赐战袍等赠韩少帅》诗之二:“铁马金戈睢水上,碧油红旆海山滨。”魏源《秦淮镫船引》:“生长承平听画筝,几闻铁马金戈声。”

金马玉堂

［释义］旧指翰林院或翰林学士,引申为显赫的高位。金马:汉代的金马门是学士待诏的地方;玉堂:玉堂殿,供待诏学士议事的地方。

［出处］三国管辂《管氏指蒙·朝从异相》:“精神端秀,乃朱扉尽栋之阡。气概雍容,必金马玉堂之兆。”

［用例］宋欧阳修《会老堂致语》:“金马玉堂三学士,清风明月两闲人。”明陈汝元《金莲记·第八出》:“吾想金马玉堂,虽然清贵,竹篱茆舍,亦自逍遥。”

［用法］联合式,作谓语。

［异文］(1)玉堂金马

唐钱起《钱考功集·送褚大落第东归》:“玉堂金马隔青云,墨客儒生皆白首。昨梦芳洲采白苹,归期且喜故园春。”

(2)玉堂金门

《汉书·五行志》:“时先有鸜鹆之谣,而后有来巢之验。井水阴也,灶烟阳也,玉堂金门至尊之居,象阴盛而灭阳,窃有宫室之应也。”

仅容旋马

[释义] 指住的地方狭小。宋代李沆为人宽容爱民,虽官居宰相,但宅第厅堂窄小,只容许马身掉转,后用以形容官吏清廉,不贪虚荣。

[用例] 宋林光朝《艾轩集·敷文阁待制开国宋公墓志铭》:“公筑第仅容旋马,而公自以为太过。”宋刘清之《戒子通录·训子孙文》:“又闻李文靖公为相,治居第于封丘门外,厅事前仅容旋马。或言其太隘,公笑曰:‘居第当传子孙,此为宰相厅事诚隘,为太祝奉礼,厅事已宽矣。’”《宋史·李沆传》:“治第封丘门内,厅事前仅容旋马。”

[用法] 动宾式,作谓语、定语。

鸠车竹马

[释义] 借指童年。鸠车、竹马:儿童玩具。

[出处] 宋叶廷珪《海录碎事·老稚门》:“鸠车竹马,王元长曰:‘小儿五岁曰鸠车之戏,七岁曰竹马之游。’”

[用例] 明唐寅《唐伯虎先生集·岁朝诗》:“海日团团生紫烟,门联处处揭红笺。鸠车竹马儿童市,椒酒辛盘姊妹筵。”清曹寅《集余园看梅同人限字赋诗追忆昔游有感而作》:“鸠车竹马曾经处,鲐背庞眉识此生。”

[用法] 联合式,作主语、宾语、定语。

驹齿未落

[释义] 小马的乳齿尚未更换,比喻人尚年幼。驹:小马。

[出处]《北史·杨愔传》:"此儿驹齿未落,忧心忡忡是我家龙文(骏马名),更十岁后,当求之千里外。"

[用例] 明戴澳《杜曲集·寿沈英多母夫人六十》:"青箱世业今在君,驹齿未落成龙文。蚤掩父书不忍读,时过慈闱有异闻。"清袁枚《小仓山房集·骏马行》:"驹齿未落才先老,四岳三涂驰远道。顾影常空冀北群,图形只觉金门好。"

[用法] 主谓式,作谓语。

尻舆神马

[释义] 以臀部为车舆,以心神为驾车的马,引申为随心所欲地神游物外。

[出处]《庄子·大宗师》:"浸假而化予之尻以为轮,以神为马,予因以乘之,岂更驾哉。"成玄英疏:"尻无识而为轮,神有知而作马,因渐渍而变化,乘轮马以遨游,苟随任以安排,亦于何而不适者也。"

[用例] 明郑鄤《峚阳草堂诗文集·书怀五首》:"尻舆神马天中梦,子鹤妻梅世外缘。到得息交真少累,只寻老友是残编。"清钱谦益《赠建昌痔医黄岐彬诗》:"果痔木痈除物害,尻舆神马得大全。"

[用法] 联合式,作宾语,含褒义。

[异文] 尻轮神马

元刘埙《隐居通议·骈俪三》:"尻轮神马,遍从尘外遨游,心印法灯,尽向眼前了彻。"

渴骥奔泉

［释义］如同骏马口渴思饮，飞快奔赴甘泉一般。1. 形容书法笔势矫健。

［出处］唐司空图《司空表圣文集·书屏记》："朔风动秋草，边马有归心。十数字或草或隶，尤为精绝。或缀小简于其下，记云：'怒猊抉石，渴骥奔泉。'"

［用例］《新唐书·徐浩传》："尝书四十二，幅屏，八体皆备，草隶尤工，世状其法曰：'怒猊抉石，渴骥奔泉。'"明平显《松雨轩诗集·二月十一日郑雍言偕同寅陈牟二舍人见访有作》："丝纶阁下三珠树，不減中书四俊名。渴骥奔泉徐季海，逐蝇挥扇武儒衡。"

［释义］2. 比喻迫切的欲望。

［用例］明何白《汲古堂集·吹台山大寂和尚建无量寿殿碑》："愿王宏重，道力精坚。以空为观，以立为禅，四众咸集，渴骥奔泉，瑗宫宝网，利那现前。"清胡文炳《折狱龟鉴补·撞奸致死》："廪生伺于门，表妹乘车至，彼此如渴骥奔泉，入户稍寒温，即携手至柴室狎亵。"

［用法］主谓式，作宾语。

叩马而谏

［释义］勒住马头进行规劝，形容竭力进行劝谏。

［出处］《史记·伯夷列传》："西伯卒，武王载木主，号为文王，东伐纣。伯夷、叔齐叩马而谏曰：'父死不葬，爰及干戈，可谓孝乎？以臣弑君，可谓仁乎？'左右欲兵之。太公曰：'此义人也。'扶而去之。"

［用例］明陈禹谟《骈志·相传首阳》："或者指武师渡孟津，二子叩马而谏，当以洛阳为是。"明何镗《古今游名山记·明乔宇观济源记》："北二里许

有祀夷齐庙，昔二公叩马而谏。”

［用法］偏正式，作谓语、定语。

快马加鞭

［释义］跑得很快的马再加上一鞭子，使马跑得更快。比喻快上加快，加速前进。

［出处］明徐仲由《杀狗记》：“何不快马加鞭，径赶至苍山，救取伯伯。”

［用例］清陈端生《再生缘全传》卷十九：“宫官奉旨出庭寮，快马加鞭飞也跑，一霎时眼前已是王亲府，韁绳勒住下鞍轿。”清李雨堂《万花楼演义》第三十五回：“元帅即差孟定国将李成、李岱管守，又拔令唤沈达速往五云汛，确查十三夜可有赞天王、子牙猜二人酒醉踏雪私行否。沈达得令，快马加鞭而去。”

［用法］主谓式，作谓语、状语，含褒义。

老骥伏枥

［释义］形容年纪虽大，但雄心壮志不减当年。骥：千里马；枥：马槽。

［出处］三国魏曹操《步出夏门行·龟虽寿》：“神龟虽寿，犹有竟时。腾蛇乘雾，终为土灰。老骥伏枥，志在千里。烈士暮年，壮心不已。”在这段出处里，有这样一个故事。建安十二年（207 年），曹操在官渡之战大败北方袁绍之后，于回师南下途中写了《龟虽寿》。“神龟”，传说龟是长寿动物，《庄子·秋水》说楚国的神龟活了三千年。“腾蛇”，能与龙同飞的蛇。这是曹操表达自己的远大抱负，就是神龟、腾蛇，也还有尽时，所以对于志士来说，更要珍重自己有限的生命，发奋进取，建功立业，老当益壮。

［用例］宋陆游《与何蜀州启》：“老骥伏枥，虽未歇于壮心。逆风撑船，

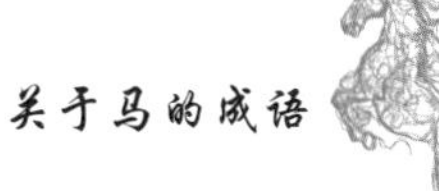

终不离于旧处。”宋陆游《闻虏乱有感》:“羞为老骥伏枥悲,宁作枯鱼过河泣。”

[用法] 主谓式,作谓语、定语、宾语和分句,含褒义。

[异文] 伏枥老骥

元陈栎《定宇集·送赵子用游京师序》:“今因兄有斯,游如伏枥老骥,犹志在千里不能不跃。”

老马识途

[释义] 老马认识路。比喻有经验的人对事情比较熟悉,能为先导。

[出处]《韩非子·说林上》:“管仲、隰朋从桓公伐孤竹,春往冬反,迷惑失道,管仲曰:‘老马之智可用也。’乃放老马而随之,遂得道。”在这段出处中,有这样一个故事。春秋时,齐国的国相管仲跟随齐桓公攻打孤竹国(今河北省卢龙县到辽宁省朝阳县一带)。山戎国(今河北省迁安市一带)侵犯燕国,齐桓公出兵援助燕国,打败了山戎,而山戎王逃往孤竹去了,于是齐国继续进兵,去打孤竹。据《韩非子·说林上》篇记载:齐国军队去时是春天,回来时却已是冬天,沿途景物,大不相同,因而迷失了道路,不知该怎么走,大家很着急。管仲说:“不要紧,老马可以做我们的向导,它们有经验,认得路。”于是挑选几匹老马,放它们走在前头,队伍跟着走。结果,果然找到归路,平安地回来了。

[用例] 清钱谦益《高念祖〈怀寓堂诗〉序》:“念祖以余老马识途,出其行卷,以求一言。”清黄景仁《立秋后二日》:“老马识途添病骨,穷猿投树择深枝。”

[用法] 主谓式,作主语、谓语,含褒义。

[异文] 识途老马

明毕自严《石隐园藏稿·沈病难痊疏》:“臣捧诵明旨,一则曰疆事方殷,一则曰详练素着。夫识途老马,阅历粗谙。”

老马嘶风

［释义］比喻人老，但雄心未泯。

［用例］清法式善《梧门诗话》卷二："月明雨后花凌乱，春在人间水渺茫。寒猿下树饮秋水，老马嘶风踏夕阳。"清陶梁《国朝畿辅诗传 · 赠孟茗浦明府》："狂歌烂醉三百场，老马嘶风边月白。飞雷惊湍倏几年，故园归去嗟无田。"清文康《儿女英雄传》第二七回："这位舅太太也就算得个'老马嘶风，英心未退'了！"

［用法］主谓式，作宾语、定语。

［异文］老骥嘶风

元刘因《静修先生文集 · 后赋赤壁图》："只今画里风月笛，尚有老骥嘶风哀。眼中惊波不西归，玄鹤夜半从天回。"

老马为驹

［释义］御老马如驹。原指对待老人如幼儿般轻视，比喻失敬老之礼，后喻不以老迈为嫌。

［出处］《诗经 · 小雅 · 角弓》："老马反为驹，不顾其后。"郑玄笺 ："比喻幽王见老人反侮慢之，遇之如幼稚，不自顾念后至年老，人之遇已亦将然。"朱熹集传："如老马惫矣，而反自以为驹，不顾其后，将有不胜任之患也。"

［用例］唐杜甫《病后过王倚饮赠歌》："故人情义晚谁似，令我手脚轻欲旋。老马为驹信不虚，当时得意况深眷。"清饶节《次韵竞上人》："自了一身同昨梦，顿麾万事付苍烟。因师聊作逢场戏，老马为驹不受鞭。"

［用法］主谓式，作宾语、定语。

厉兵秣马

［释义］磨利兵器，喂饱马匹，形容做好战斗准备，随时可以行动。厉兵：磨快兵器；秣马：喂饱马匹。

［出处］《左传·僖公三十三年》："春，晋秦师过周北门……及滑，郑商人弦高，将市于周，遇之，以乘韦先牛十二犒师，曰：'寡君闻吾子将步师出于敝邑，敢犒从者。不腆，敝邑为从者之淹，居则具一日之积，行则备一夕之卫。'且使遽告于郑……则束载厉兵秣马矣。"在这段出处中，有这样一个故事。据《左传·僖公三十年》载：春秋时代，晋文公曾联合秦穆公出兵攻打郑国。郑文公在危急之中，请大夫烛之武去到秦军中，劝秦穆公不要损人不利己：牺牲郑国，便宜晋国，削弱自己的力量。秦穆公觉得这话很有道理，于是撤回秦军，还派了杞子、逢孙、扬孙三人帮助郑国守卫国都。晋文公见秦军撤走，也只得收兵，回晋国去了。两年后，帮助郑国守城的杞子送密信给秦穆公说："郑国派我掌其北门之管"，您要是秘密派兵来，我做内应，郑国马上就成咱们的了。"

所谓"掌其北门之管"，即掌握国都北门的锁钥，就是说负责管着一国的大门。当时，秦穆公向老臣蹇叔征求意见，蹇叔不赞成此事。但穆公还是派孟明视、西乞术、白乙丙带领军队，去偷袭郑国。当时郑国的国都在新郑（今属河南省）。秦军经过洛阳，向东进发，到了滑国（在今河南省偃师市）境内时，离郑国已经不远了。郑国有个商人，名叫弦高，正要到京城洛阳去做买卖。这一天，他在滑国遇见了匆匆东进的秦军，一看便料到是怎么回事了。他急中生智，冒充郑国使者先拿出四张熟牛皮，加上十二头牛，假托代表郑国慰劳秦军，并且说："敝国国君听说你们大军到来，十分欢迎，献给你们这一点东西，略表心意。"弦高一面应付秦军，一面派人赶快向郑国国君报告。

那时，郑国的国君是郑文公的儿子郑穆公。穆公得到这个紧急报告，连忙派人到北门去察看秦国驻军的动静，只见秦军收拾行装，磨快刀剑，喂饱马匹，只等动手了。穆公派大夫皇武子去对杞子说："贵军久居敝邑，使敝邑给养已告竭尽，现在你们快要启程了，郑国有猎场和秦国的猎场一样，就在郑国的猎场打些猎物，仍然留居敝邑吧！"杞子和秦将孟明视认为郑国早有准备，不能偷袭了，也就停止东进，黯然回国。

［**用例**］宋陈亮《酌古论·吕蒙》："孙权克仗先烈，雄据江东，举贤任能，厉兵秣马，以伺中国之变。"《明史·沈宸荃传》："都城既陷，守土臣宜皆厉兵秣马，以报国仇。"

［**用法**］联合式，作谓语。

［**异文**］(1)励兵秣马

唐陈子昂《为建安王与辽东书》："请都督励兵秣马，以待此期。"

(2)利兵秣马

《左传·文公七年》："训卒利兵秣马，蓐食潜师夜起。"

(3)秣马厉兵

《晋书·四夷传西戎传》："今将秣马厉兵，争衡中国。"

(4)秣马利兵

《左传·成公十六年》："搜乘补卒，秣马利兵。"

(5)厉兵粟马

《旧唐书·刘仁轨传》："虽孽竖跳梁，士力未完，宜厉兵粟马，乘无备，击不意，百下百全。"

(6)砺戈秣马

《旧唐书·刘仁轨传》："宜砺戈秣马，击其不意。彼既无备，何攻不克？"

(7)练兵秣马

宋苏洵《几策·审敌》："将遂练兵秣马以出于实，实而与之战，破之易尔。"

(8)束兵秣马

明罗贯中《三国演义》第二十一回："后人有诗叹玄德曰：'束兵秣马去匆匆，心念天言衣带中。撞破铁笼逃虎豹，顿开金锁走蛟龙。'"

临崖勒马

[释义] 濒临悬崖而能及时勒住奔马,比喻临危时能及时悔悟回头。

[出处] 元郑光祖《智勇定齐》第三折:“这厮不识咱运机,将人来紧追袭。呀!你如今船到江心补漏迟,抵多少临崖勒马才收骑。”

[用例] 明无名氏《精忠记·说偈》:“元帅你自索斟量,莫待临崖勒马将缰绳来放。”清夏敬渠《野叟曝言》第五十六回:“亏得老襟丈临崖勒马,不然,以祖父世传之产业,而换几根筹马,岂不伤心?”

[用法] 偏正式,作谓语、定语,用于劝诫人。

[异文] 悬崖勒马

清纪昀《阅微草堂笔记·如是我闻二》:“书生曰:‘然则子魅我耳。’推枕遽起,童亦艴然去。书生悬崖勒马,可谓大智慧矣。”

临崖失马

[释义] 喻临到危险不能及时回头。

[用例] 明沈受先《三元记·错认》:“我且回程,又不是临崖失马,有何劳顿?”明范受益《寻亲记上》:“把好言劝你,不信由你。我员外心性不是好的,只怕临崖失马收缰晚,船到江心补漏迟。”清李玉《牛头山》第九出:“披蓑笠掉野航,野航偌大英雄结局场。任你帝王共相,共相只恐江心漏,临崖失马兀的输,却渔父徜徉。”

[用法] 偏正式,作谓语、定语、宾语,用于处事。

六马仰秣

［释义］形容乐声美妙，连马都抬起头倾听，不吃饲料。六马：古代天子驾车用六匹马；仰秣：马被琴声吸引，仰头欣赏。

［出处］《荀子·劝学》："昔者瓠巴鼓瑟而流鱼出听，伯牙鼓琴而六马仰秣。"

［用例］汉王充《论衡·率性》："推此以论，百兽率舞，潭鱼出听，六马仰秣，不复疑矣。"宋陈旸《乐书·琴瑟下》："由是观之，琴之于天下，合雅之正乐，治世之和音也。得其粗者，足以感神明。故六马仰秣者，伯牙也；鬼舞于夜者，贺韬也。"

［用法］主谓式，作谓语、宾语。

［异文］驷马仰秣

汉刘安《淮南子·说山训》："伯牙鼓琴而驷马仰秣，介子歌龙蛇而文君垂泣。"

龙驹凤雏

［释义］比喻英俊秀颖的少年，常作恭维语。驹：小马；雏：小鸟。

［出处］《晋书·陆云传》："云字士龙，六岁能属文，性清正，有才理。少与兄机齐名，虽文章不及机，而持论过之，号曰'二陆'。幼时吴尚书广陵闵鸿见而奇之，曰：'此儿若非龙驹，当是凤雏。'"

［用例］元陆文圭《墙东类稿·送节之衡之两舍人入燕》："龙驹凤雏两陆子，并驾秋风鞭騄駬。老眼一见失惊喜，定知乃翁元不死。"清曹雪芹《红楼梦》第十五回："北静王见他语言清朗，谈吐有致，一面又向贾政笑道'令郎真乃龙驹凤雏。'"

[用法] 联合式,作宾语。

龙马精神

[释义] 形容人精神健旺、精力充沛。龙马:古代传说中形状像龙的骏马。

[出处] 唐李郢《上裴晋公》:“四朝忧国鬓如丝,龙马精神海鹤姿。”

[用例] 明夏言《桂洲诗集·送林见素司寇致仕》:“龙马精神海鹤姿,雍雍廊庙见当时。三朝重望勋名在,千载清风勇退宜。”清查慎行《敬业堂诗集·博和》:“语杂谈谐皆典故,老传著述岂初心。好看龙马精神健,东武时为抱膝吟。”

[用法] 偏正式,作宾语,用于祝词。

龙骧豹变

[释义] 喻书法气势壮盛而善于变化。

[出处] 唐张怀瓘《书断·神品》:“(张伯英)尤善章草,书出诸杜度,崔瑗云:‘龙骧豹变,青出于蓝。’”

[用例] 明焦竑《焦氏澹园续集·少傅许先生真赞》:“故松吟石卧在岩穴,不见其诎,而龙骧豹变在台阁,不以为信。讵非虚以阅世不可得而疏亲者耶?”明张鼐《宝日堂初集·贺邑博林先生序》:“夫以余力为之则硕大昌茂异,时龙骧豹变,以副明主之知,为霖雨、为股肱,先生之光社稷而享荣华也。”

[用法] 联合式,作宾语、定语。

龙骧凤矫

［释义］龙腾凤飞，喻指行动迅猛。

［出处］《宋书·武帝纪中》："公龙骧凤矫，咫尺八纮，括囊四海，折冲无外。"

［用例］清李元度《天岳山馆文钞·一品伯太夫人李太夫人八十寿序》："察诸公并龙骧凤矫，前辉后光，视八士数少其二，勋烈则远过之。"清俞樾《春在堂杂文·张任庵同年六十寿序》："若君之在宁远，其龙骧凤矫之略，抱冰握火之诚，亦岂有恧欤？"

［用法］联合式，作谓语、定语。

龙骧虎步

［释义］像龙马昂首，如老虎迈步，形容气概威武雄壮。龙：高大的马，古称八尺以上的马为龙；骧：马高扬着头的样子。

［出处］魏嵇康《嵇中散集·卜疑》："将如毛公蔺生之龙骧虎步，慕为壮士乎？"

［用例］《三国志·魏书·陈琳传》："今将军总皇威，握兵要，龙骧虎步，高下在心。"《宋书·高祖纪》："公龙骧虎步，啸咤风云。"

［用法］联合式，作谓语、定语。

［异文］龙骧虎视

汉潘勗《册魏公九锡文》："君龙骧虎视，旁眺八维，掩讨逆节，折冲四海。"

龙骧虎啸

［释义］比喻气概威武。

［出处］明德清《憨山老人梦游集·雪浪法师恩公中兴法道传》："每期众多万指，即闲游山水。杖锡所至，随缘任意，水边树下，称性挥尘。若龙骧虎啸，风动云从。"

［用例］清孔尚任《桃花扇传奇》第十八出："持节江皋，龙骧虎啸，忧国事，不顾残躯，双鬓苍白了。"清张开东《白莼诗集·题杜大霍麓子杰扇头歌》："当时大廷佐铨衡，走马吴越开方面。龙骧虎啸风云从，谁为鸾凤生羽翰。"

［用法］联合式，作宾语、定语。

龙骧虎跱

［释义］雄踞的样子。

［用例］明郭孔建《垂杨馆集·英雄者国之干》："吾惟端拱文棍玉磶之上，抱蜀不言，而二三非常之人，际风云之会，依日月之耀，龙骧虎跱，宫应角应，股肱羽翼，以成威神。"明方孝孺《春秋诸君子赞·公子友》："龙骧虎跱，蛇豕屏窜。"

［用法］联合式，作宾语、定语。

龙骧麟振

［释义］比喻将军恩威兼备。龙骧：昂举腾跃的样子；麟振：语出《诗·周南·麟之趾》："麟之趾，振振公子，于嗟麟兮。"毛传："麟，信而应礼，以足至者也。振振，信厚也。"

［出处］《晋书·段灼传》："受命忘身，龙骧麟振，前无坚敌。"

［用例］清顾永年《梅东草堂诗集·高焕然将军招饮》："龙骧麟振古元戎，百万精兵贮腹中。岂以行军忘俎豆，早于极北奏卢公。"清徐旭旦《世经堂初集·曹都统寿序》："旅公则进语曰：'将军龙骧麟振，尤宜崇礼，重禄身先士卒而辑和之，则临场决敌兵气震霆，而后可用也。'"

［用法］联合式，作宾语、定语。

驴唇马觜

［释义］比喻说话写文章，前言不搭后语，前后矛盾。觜：同"嘴"。

［出处］宋道原《景德传灯录·文偃禅师》："若是一般掠虚汉，食人涎唾，记得一堆一担骨幢，到处逞驴唇马觜。"

［用例］宋普济《五灯会元·青原下六世》："驴唇马嘴夸我解问，十转五转饶你从朝。"明瞿汝稷《指月录·六祖下第五世》："示众云：'诸子从朝至暮，有甚么事？莫要逞驴唇马嘴，问德山老汉么，我且不怕你，未审诸子有何疑虑？'"

［用法］联合式，作宾语。

驴年马月

［释义］不知哪年哪月，比喻不可指望的日期。

［出处］清道忞《布水台集》卷二十："罗诃三藐三佛陀，驴年马月不为多。"

［用例］梁斌《红旗谱》二十九："即便有点希望，又在那个驴年马月呢？"《新华文摘》1981 年第 4 期："研究研究，研究到驴年马月！"

［用法］联合式，作状语，含贬义。

［异文］猴年马月

古华《芙蓉镇》第四章："斗斗斗，一直斗到猴年马月，天下一统，世界大同。"

驴前马后

［释义］官员出行时跟随在前后的衙役差卒，亦可指身份卑下，听人使唤的人。

［用例］宋道元《景德传灯录 · 良价禅师》："苦哉苦哉，今时人例皆如是，只是认得驴前马后将为自己，佛法平沈，此之是也。"宋圆悟克勤《碧岩录 · 卷六》："若只依草附木，认个驴前马后，有何用处？看他马祖百丈恁么用，虽似昭昭灵灵，却不住在昭昭灵灵处。"元高文秀《遇上皇》第二折："小人是个驴前马后之人，怎敢认义那壁秀才也。"

［用法］联合式，作定语、状语。

［异文］鞍前马后

王树元《杜鹃山》第五场："鞍前马后跟你跑，出生入死为你干。"

马不解鞍

［释义］比喻一刻也不停留。

［出处］宋华岳《翠微北征录·守边待敌之策二》："八曰兵疲，谓涉险千里，士不去甲，劳师数月，马不解鞍。"

［用例］宋苏籀《双溪集·见秦丞相第二书》："昔天下不幸，波摇云扰，时以谓流涕痛哭，赞翊军国，惟诈力之是，务至于马不解鞍，筹不辍手。"明茅坤《唐宋八大家文钞·皇甫晖传》："魏军甲不去体，马不解鞍者十余年。今天下已定，而天子不念魏军久戍之劳，去家咫尺，不得相见。"

［用法］主谓式，作谓语、定语。

马不停蹄

［释义］马不停止地向前跑动。比喻一件事情连续不断，一刻不停地进行。

［用例］元杨朝英《朝野新声太平乐府·越调》："到此际人难强嘴，空打的马不停蹄。色不顺那堪性急，焦起来更加错递。"元王实甫《丽春堂》第二折："赢的他急难措手，打的他马不停蹄。"《西游记》四八回："这一直行到天晚，吃了些干粮，却又不敢久停，对着星月光华，映的冰冻上亮灼灼、白茫茫，只情奔走，果然是马不停蹄。"

［用法］主谓式，作谓语、定语、状语，含褒义。

马齿徒增

［**释义**］马的牙齿有多少，就可以知道它的年龄有多大。用于谦称年岁徒然增长而无所成就。

［**出处**］《穀梁传·僖公二年》："荀息牵马操璧而前曰：'璧则犹是也，而马齿加长矣。'"在这段出处里，有这样一个故事。春秋时，晋国的近邻有虢、虞两个小国（晋国在今山西省和河北省的南部一带。虢国，指北虢，在今山西省平陆县。虞国，在今山西省平陆县东北）。晋国想吞并这两个小国，计划先打虢国。但是晋军要开往虢国，必先经过虞国。如果虞国出兵阻拦，甚至和虢国联合抗晋，晋国虽强，也将难以达到目的。

晋国大夫荀息向国君晋献公建议："我们把屈地产的名马和垂棘出的美玉作为礼物，送给虞国，要求借路让我军通过，估计虞公会同意。"晋献公说："这名马和美玉是我们晋国的两样宝物，怎可随便送人！"荀息笑道："只要大事成功，宝物暂时送给虞公，还不是等于放在自己家里！"晋献公明白这是荀息的计策，便派他带着名马和美玉去见虞公。虞国大夫宫之奇知道了荀息的来意，便劝虞公千万不要答应晋军借路的要求，说道："虢虞两国，一表一里，辅车相依，唇亡齿寒，如果虢国灭亡，我们虞国也就要保不住了！"宫之奇当时以辅车唇齿来比喻虢虞两国相依相存的关系，实在是非常确切的。可惜目光短浅、贪婪好逸的虞公不听宫之奇的良言忠告，反而相信了晋国的阴谋欺骗，答应借路，而且愿意出兵，一同去打虢国。宫之奇预料到虞国将亡，无法挽救，只得带着家小逃到曹国去。

这样，晋献公就在虞公的"慷慨帮助"下，轻而易举地把虢国灭亡了。晋军得胜回来，驻扎在虞国，说要整顿人马，暂住一段时间，虞公还是毫无戒备之心。不久，晋军突然发动袭击，消灭了虞国。虞公被俘，屈地产的名马和垂棘出的美玉又回到了晋献公的手里。荀息笑道："璧则犹是也，而马齿加长矣（美玉还是原来的美玉，不过马的牙齿增多了几颗）。"

[用例] 清王韬《淞隐漫录·阿怜阿爱》:“自妾识君,已四五年矣。娥眉易老,马齿徒增,尚未能择人而事,自拔于火坑。”柳亚子《赠少屏》:“鹏飞未遂冲霄志,马齿徒增歧路悲。”

[用法] 主谓式,作宾语,用于自谦语。

[异文] 马齿徒长

姚雪垠《李自成》第二十九章:“张大经说:‘今日承蒙垂青,得与将军联宗,不胜荣幸。大经碌碌半生,马齿徒长,怎好僭居兄位!’”

马到成功

[释义] 征战时战马一到便获得胜利,比喻迅速成功或事情顺利。

[用例] 元关汉卿《五侯宴·楔子》:“俺父亲手下兵多将广,有五百义儿家将,人人奋勇个个英雄,端的是旗开得胜,马到成功。自破黄巢,俺父子每累建奇功。”元张国宾《薛仁贵·楔子》:“凭着您孩儿学成武艺,智勇双全,若在两阵之间,怕不马到成功。”《封神演义》一五七回:“西岐无非弹丸地,马到成功笑谈间。”

[用法] 紧缩式;作谓语、定语、宾语;含褒义,常与“旗开得胜”连用。

[异文] 马到功成

明黄元吉《流星马》第一折:“夫人想老夫幼年间,常施英雄之心,苦战恶敌之意。我旗开得胜,马到功成。如今老夫苍颜皓首,鬓发班白,今日成何用也呵!”

马革裹尸

[释义] 用马皮把尸体裹起来,指英勇作战,死于战场。马革:马皮。

[出处]《后汉书·马援传》:“方今匈奴、乌桓尚扰北边,欲自请击之。

男儿当死于边野,以马革裹尸还葬耳,何能卧床上在儿女子手中邪?"在这段出处里,有这样一个故事。东汉时名将马援,字文渊,扶风郡茂陵县(今陕西省兴平市)人。他年轻时在郡里当过小官,因为同情一批犯人,在押解途中擅自把他们释放了。之后,他逃到甘肃,以农牧为生。由于勤俭经营,几年之后,居然牛羊成群,谷物满仓,相当富裕。但是马援认为,一味追求生活享受的人是庸俗的,因此他把财物分散给兄弟、亲邻和朋友,自己仍然过着朴素的生活。汉光武帝(刘秀)时,马援多次出征,南征交趾,北伐匈奴、乌桓,屡立战功。汉光武帝拜他为伏波将军,封他为新息侯。

有一次,"威武将军"刘尚在贵州一带打了败仗,全军覆没。马援得知这个消息,便主动要求上前线去。那时马援已经六十二岁了,光武帝觉得他年事已高,便没有赐命。马援不服,披甲上马,挥舞兵器,十分威武。光武帝不禁赞叹道:"矍铄哉,是翁也!"马援带领军队,开往贵州战场。在贵州,很多士兵染疫,仗打得十分辛苦。这位身经百战的老将,自己也得了重病。但是他还坚守战场,终于实现了他战死疆场、马革裹尸的壮志。

[用例] 北齐朱玚《与徐陵请王琳首书》:"诚复马革裹尸,遂其平生之志;原野暴体,全彼人臣之节。"《宋史·崔翰传》:"臣既以身许国,不愿死于家,得以马革裹尸足矣。"

[用法] 主谓式,作谓语、定语、宾语,含褒义。

[异文] (1)马革盛尸

宋周密《齐东野语·何宏中》:"正隆四年,病殁。临终有诗云:'马革盛尸每恨迟,西山饿死亦何辞。姓名不到中兴历,自有皇天后土知。'"

(2)裹尸马革

宋陆游《剑南诗稿·陇头水》:"我语壮士勉自强,男儿堕地志四方。裹尸马革固其常,岂若妇女不下堂。"

马空冀北

［释义］伯乐将冀北之良马搜选一空。比喻执政者善选贤才，无所遗漏。

［出处］唐韩愈《送石处士序》："伯乐一过冀北之野，而马群遂空。"

［用例］元陶宗仪《南村诗集·送薛应翔人才之京》："持牒喜从乡老荐，画船捶鼓发江城。马空冀北标雄逸，风起河东仰圣明。"清曾纪泽《归朴斋诗钞·雨》："少年驱迈俯群流，意气轩昂隘九州。豕异辽东宁可献，马空冀北抑谁求。"

［用法］紧缩式，作定语。

马马虎虎

［释义］形容办事草率，粗心大意不认真，也指还过得去，勉强、凑合。

［出处］清曾朴《孽海花》第六回："那时彩云向张夫人要求另雇一只小船附拖在后，张夫人也马马虎虎的应允了。"

［用例］周晔《我的伯父鲁迅先生》："从此，我读什么书都不再马马虎虎了。"茅盾《子夜》十二："单办那八个厂，四十多万也就马马虎虎混得过。"

［用法］重复式，作谓语、定语、状语，含贬义。

马毛猬磔

［释义］形容狂风大作，气候恶劣。

［出处］南朝宋鲍照《代出自蓟北门行》："疾风冲塞起，沙砾自飘扬；马

毛缩如猬，角弓不可张。”

［用例］清蒲松龄《归途大风》：“朔风朴面吹尘沙，马毛猬磔人影斜。”清杨思圣《飘风行》：“惊沙扑面利如刀，马毛猬磔雁声苦。”

［用法］主谓式，做主语。

马牛襟裾

［释义］马、牛穿着人衣，讥人不明道理、不识礼仪。襟、裾：泛指人的衣服。

［出处］唐韩愈《符读书城南》：“潢潦无根源，朝满夕已除。人不通古今，马牛而襟裾。行身陷不义，况望多名誉。”

［用例］元高文秀《遇上皇》第二折：“他倚官强拆散妻夫，真乃是马牛襟裾！”明赵弼《赵氏伯仲友义传》：“闻孝氏孝友之风而无兴起之志，诚马牛襟裾者也。”

［用法］紧缩式，作宾语、定语。

［异文］(1)牛马襟裾

宋惠洪《石门文字禅 · 寄楷禅师》：“虎皮羊质成何事，牛马襟裾亦谩陈。”

(2)裾马襟牛

明高濂《玉簪记 · 姑阻》：“我若做浪蝶游蜂，老天呵，须教是裾马襟牛。”

(3)襟裾马牛

明东鲁古狂生《醉醒石》第十四回：“从古舜跖分路，只在义利关头。此处若差些子，便是襟裾马牛。”

马如游龙

[**释义**] 形容人马熙熙攘攘的景象。

[**出处**]《后汉书·明德马皇后纪》:"太后诏曰:'……前过濯龙门上,见外家问起居,车如流水,马如游龙。仓头衣绿褠束衣袖之臂,领袖正白,顾视御者,不及远矣。'"在这段出处里,有这样一个故事。马皇后是后汉初期名将马援的女儿,汉明帝时入宫为妃,后来升格为后。到明帝的儿子章帝继任皇位,"马皇后"就又称"马太后"了。汉章帝虽不是马皇后的亲生儿子,但是章帝对她却非常尊重。

章帝打算加封外戚官爵,可是马皇后却坚决不同意,她说:"先帝注意总结过去的教训,一直不让外戚居于枢密职位,我所以躬身节俭,是为了影响后代。以前我路过濯龙门时,看到那些外戚家中都阔绰得很,拜候请安的客人,来来往往,车马就像游龙在水中穿梭一般,热闹极了;还看到他们家里的佣人,都穿得整整齐齐、漂漂亮亮的,我的马车夫比他们差远了。我可不能有负先帝,重袭西京败亡之祸。"

[**用例**] 元虞集《送戴真人归越》:"马如游龙花如雨,蹴踏春秋作朝暮。"清余怀《板桥杂记·轶事》:"金陵都会之地,南曲靡丽之乡,纨茵浪子,潇洒词人,往来游戏,马如游龙,车相接也。"

[**用法**] 主谓式,作谓语、宾语。

[**异文**] (1)马如游鱼

隋杜公瞻《编珠》卷二引汉刘桢《鲁都赋》:"日暮宴罢,车骑就衢,盖如飞鹤,马如游鱼。"

(2)马如流水

元揭傒斯《居庸行》:"关门两向当天开,马如流水车如雷。"

(3)车水马龙

清成本璞《九经今义·周礼》:"沿途两旁皆荫以树,车水马龙络绎

于道。”

(4)马龙车水

清曾朴《孽海花》第一回:“安垲第喝茶,天乐窝听唱,马龙车水,酒地花天,好一派升平景象。”

(5)车马如龙

南北朝徐陵《玉台新咏·和班氏诗一首》:“君子倦仕归,车马如龙骧。精诚驰万里,既至两相忘。”

马上功成

[释义]指凭武功建立功业。

[出处]《史记·郦生陆贾列传》:“陆生时时前说称《诗》《书》。高帝骂之曰:‘乃公居马上而得之,安事《诗》《书》!’陆生曰:‘居马上得之,宁可以马上治之乎?且汤武逆取而以顺守之,文武并用,长久之术也。’”

[用例]宋徐钧《史咏诗集·陆贾》:“溺冠骑项不知儒,马上功成习未除。新语见称应有意,当时人未说《诗》《书》。”明刘玉《执斋先生文集·戯马台》:“马上功成伯仲间,拔山力尽此台闲。令人苦恨阴陵道,不见当时一骑还。”

[用法]偏正式,作主语、宾语、定语。

马失前蹄

[释义]马的前蹄踏空而突然摔倒,比喻因偶然发生的差错而受挫。

[出处]明罗贯中《残唐五代史演义·立齐王重贵为帝》:“李谷也举枪夹斗,正战之间,忽一阵大风把晋军旗号吹倒,众军不能开眼。延寿乘风势杀来,李谷马失前蹄,被延朗捉了。”

［用例］清唐芸洲《七剑十三侠》第一百三回："不料战马气力已乏，忽然马失前蹄，将任大海从马上翻跌下来。"清吴璇《飞龙全传》第四回："你父亲也没有什么病症，只因昨日上朝，偶尔马失前蹄跌了一交，伤了腿足，故此行走不便，谅也无妨。"

［用法］作谓语、宾语、定语。

马首是瞻

［释义］看着马头的方向，决定进退。比喻追随某人行动，绝对服从指挥行事。瞻：往前或向上看。

［出处］《左传·襄公十四年》："荀偃令曰：'鸡鸣而驾，塞井夷灶，唯余马首是瞻！'"在这段出处里，有这样一个故事。公元前559年，晋国会同鲁、齐、宋、卫、郑、曹、莒、滕、邾、薛、杞、小邾等国，一起攻打秦国。晋悼公派出将帅，率领联军，向西进发。到了泾水边，各国军队却都停止前进，不肯渡河。秦国见各国军队都集中在泾水边上，就在泾水上游暗下毒药，毒死了各国军队许多人马。郑国将领很生气，首先向秦军发起进攻，各国军队跟着一齐出击，一直冲到了棫林（今陕西省渭南市华州区）一带，可是秦军并没有降服的表示，胜败还不能决定。

这时，晋国的中军统帅荀偃下了一道命令："鸡鸣而驾"，明天清晨鸡一叫全军就要驾好兵车，准备进击；"塞井夷灶"，就是填井拆灶，和"破釜沉舟"同义，表示只有向前，不留退路；"唯余马首是瞻"，只准以我的马头为目标，我的马走向哪里，你们都得跟向哪里。下军将领栾黡认为荀偃的命令过于武断，心怀不服，气愤地说："晋国还从来没有下过这样的命令呢，我的马头偏要向东！"于是，他向后转，率领他的下军撤退了。其他诸侯国的将领看到晋国的将领带兵回国，也纷纷撤回自己国家去了。荀偃眼看不能战胜秦国了，只得下令全军一齐向东撤回。这次战争就如此结束了。晋国人民讥讽这件事情，称其为"迁延之役"，意即退却的战役。

[用例]《北史·拓跋深传》:“今者相与,还次云中,马首是瞻,未便西迈。”姚雪垠《李自成》第二十七章:“他近一年半以来虽常依大帅之马首是瞻,然而他不是大帅部将,也不会屈居人下。”

[用法] 动宾式,作状语、谓语。

马首欲东

[释义] 指东归,返回。

[出处]《左传·襄公十四年》:“栾黡曰:‘晋国之命,未是有也。余马首欲东。’乃归。”

[用例]《北齐书·杜弼传》:“夫建言明理,宜出典证,而违孔背释,独为君子。若不师圣,物各有心,马首欲东,谁其能御。”明周清原《西湖二集·洒雪堂巧结良缘》:“今马首欲东,无可相贶,手制粗鞋一双,绫袜一緉,聊表微意。”

[用法] 主谓式,作谓语、定语。

马瘦毛长

[释义] 比喻人境遇穷困就会显得精神不振。

[出处] 宋普济《五灯会元·五祖法演禅师》:“问祖意教意,是同是别,师曰人贫智短,马瘦毛长。”

[用例] 明袁于令《隋史遗文》第七回:“常言道得好:‘人当贫贱语声低,马瘦毛长不显肥。得食猫儿强似虎,败翎鹦鹉不如鸡。’”清阮元《两浙辖轩录·毛以澳》:“得马瘦毛长之语,初弗解也。”

[用法] 兼语式,作谓语、定语。

马仰人翻

［释义］人马都翻仰在地上，形容在战斗中被打得惨败；也形容极为忙乱或混乱，一塌糊涂，不可收拾。

［出处］明许仲琳《封神演义》第十四回："哪吒力大无穷，三五合把李靖杀的马仰人翻，力尽筋输，汗流脊背。"

［用例］清曹雪芹《红楼梦》第一百十五回："贾琏家下无人，请了王仁来在外帮着料理。那巧姐儿是日夜哭母，也是病了。所以荣府中又闹得马仰人翻。"清文康《儿女英雄传》第四回："弄这块石头，何至于闹的这等马仰人翻的呀！"

［用法］联合式，作谓语、定语、补语，含贬义。

［异文］人仰马翻

清李宝嘉《官场现形记》卷一："赵家一门大小，日夜忙碌，早已弄得筋疲力尽，人仰马翻。"

马愿如羊

［释义］用以指官吏从政清廉。

［出处］《后汉书 · 张奂传》："羌豪帅感奂恩德，上马二十匹，先零酋长又遗金鐻八枚。奂并受之，而召主簿于诸羌前，以酒酹地曰：'使马如羊，不以入厩；使金如粟，不以入怀。'悉以金马还之。"东汉张奂任安定属国都尉，联合羌人击败匈奴，羌人头领感恩而献马二十匹，金鐻八枚。奂对诸羌首领说："即使送我的马多得像羊群，我也不把它们放进我的马厩；即使送我的金子多得像粟米，我也不会把它们放进自己的口袋。"即以金、马悉教归还。

［用例］南北进庾信《庾子山集 · 周柱国大将军拓跋俭神道碑》："清不

置水，明非举烛。马愿如羊，金湏似粟。上将克升，元戎既序。”

［用法］作定语。

马足车尘

［释义］比喻四处奔波，生活动荡不定。

［出处］宋林之奇《拙斋文集·谢汪帅启》：“如某者器非适用，学不知方，既迈壮龄，始叨末第，委身义命，绝意显荣，马足车尘，初未服从。”

［用例］元吴昌龄《东坡梦》第一折：“这些时想晨钟暮鼓，马足车尘，细看来恰便似云影空中尽。”清秋瑾《申江题壁》：“马足车尘知己少，繁弦急管正声希。”

［用法］作宾语、定语。

盲人瞎马

［释义］盲人骑着瞎马。比喻盲目行动，后果十分危险。

［出处］南朝宋刘义庆《世说新语·排调》：“桓南郡（桓玄）与殷荆州（殷仲堪）语次，因共作了语……次复作危语。桓曰：‘矛头淅米剑头炊。’殷曰：‘百岁老翁攀枯枝。’顾（恺之）：‘井上辘轳卧婴儿。’殷有一参军在坐云：‘盲人骑瞎马，夜半临深池。’”

在这段出处里，有这样一个故事。晋人顾恺之和当时的高官名将桓玄、殷仲堪等，都互相熟识，并且常在一起闲谈说笑。有一次，顾恺之和桓玄在殷仲堪家里说笑取乐。他们先说“了语”（以一句话表示一桩事情的彻底了结）。顾恺之先说：“火烧平原无遗燎。”（以烧光为了）殷仲堪接着说：“白布缠棺竖旒旐。”（以人死为了，旒旐是丧事中用的白幡）桓玄最后说：“投鱼深渊放飞鸟。”（以一去不回为了）过了一会儿，他们又说“危语”（以一句话形容一件非常危险的事情)。桓玄先说:“矛头淅米剑头炊。”(用枪头的碎片和利剑的尖刺作米,洗一洗煮成“饭”来吃)殷仲堪接着说:“百岁老翁攀枯枝。”(年迈的老头攀着枯枝往上爬)顾恺之最后说:“井上辘轳卧婴儿。”(井上的辘轳是可灵活滚动的,让婴儿在上面,这多危险)大家说得正高兴,忽然旁边有一参军插口说道:“盲人骑瞎马,夜半临深池。”

这位参军说的这一句,作为“危语”游戏,本来也很精彩。可是因为殷仲堪是瞎了一只眼的,而且在那个年代,官位较低的怎能同大员们说笑,三人心中便都很不自在,尤其是殷仲堪,更觉难堪,但又不便发怒,只好说一句语意双关的话,聊作解嘲:“哟,真是咄咄逼人!”(咄咄,惊叹之词。这句话,一方面说那位参军的“危语”,真是惊险得怕人;一方面也说那参军太厉害,逼得人太凶了。)一场有趣的说笑,以扫兴中止。

[**用例**] 明杨嗣昌《杨文弱先生集·答罗太史喻义》:“边头公卿,不知兵学,驱健儿临敌,不啻盲人瞎马,夜半深池也。”清樊增祥《樊山续集·十月既望过意园记醉中语》:“雄奥山川赠岛夷,盲人瞎马太谩欺。沙虫狼籍犹酣睡,此亦符离老督师。”

[**用法**] 联合式,作宾语、定语、状语,含贬义。

[**异文**] 瞎马临池

清康有为《上清帝第五书》:“积重难返,良有所因,夜行无烛,瞎马临池,今日大患,莫大于昧。”

秣马脂车

[**释义**] 喂饱马,给车轴涂好油脂,指准备好交通工具。

[**出处**]《三国志·魏志·陈思王植传》:“肃承明诏,应会皇都,星陈夙驾,秣马脂车。”

[**用例**] 晋习凿齿《汉晋春秋》:“便当秣马脂车,陵蹈城邑,乘胜逐北,以定华夏。”清斌良《抱冲斋诗集·廿五日晚宿敦什巴尔台始见茅舍喜题》:“秣

马脂车童仆喜，计程明发入关门。”

［用法］联合式，作谓语、宾语、定语。

［异文］膏车秣马

明屠隆《彩毫记·钦取回朝》：“羡调和鼎鼐，便膏车秣马好归来。”

拿下马来

［释义］比喻将人制服。

［出处］明黄元吉《流星马》第三折：“兀的不是黄廷道，与我拿下马来，休杀坏他。”

［用例］清曹雪芹《红楼梦》第二十回：“叫我问谁去？谁不帮着你呢？谁不是袭人拿下马来的？”清钱彩《说岳全传》第十八回：“秦桧指着殿下道：‘这位便是。’蒲芦温上前一把把赵王拿下马来，往里面便走。”

［用法］动宾式，作谓语。

牛骥同皂

［释义］牛跟马同槽，比喻不好的人与贤人同处。骥：好马；皂：牲口槽。

［出处］《汉书·贾邹枚路传》：“使不羁之士与牛骥同皂，此鲍焦所以愤于世也。”

［用例］明张师绎《月鹿堂文集·张惟孝传》：“故为立传，与天下后世共尚论其人，使为君相者，无使异人牛骥同皂，约结不伸，有负人之忾叹，则善矣。”清曾国藩《曾文正公书札·复方存之大令》：“搜求人才，采纳众议，鄙人亦颇留心，惟于广为延揽之中，略存崇实黜华之意，若不分真伪，博收杂进，则深士之士，不愿牛骥同皂。阳骄得意，而贤者反调头而去矣。”

［用法］主谓式，作谓语。

［异文］(1)牛骥同槽

汉焦赣《易林·升之小畜》:"牛骥同槽,郭氏以亡。"

(2)牛骥共牢

《晋书·张载传》:"及其无事也,则牛骥共牢,利钝齐列,而无长涂犀革以决之,此离朱与瞽者同眼之说也。"

牛头马面

［释义］佛教指地狱里的鬼卒,一个头像牛,一个头像马,比喻各种丑恶的人。

［出处］《楞严经》卷八:"牛头狱卒,马头罗刹,手执枪鞘,驱入城门。"

［用例］《敦煌变文集·大目干连冥间救母变文》:"目连行前至一地狱……狱中数万余人总是牛头马面。"明冯梦龙《喻世明言·游酆都胡母迪吟》:"阶下侍立百余人,有牛头马面,长喙朱发,狰狞可畏。"

［用法］联合式,作主语、宾语、定语,含贬义。

［异文］马面牛头

明周清原《西湖二集·文昌司怜才慢注禄籍》:"没慈心的马面牛头,两股叉,两条鞭,恶恶狠狠。"

驽马恋栈

［释义］劣马惦着的只是马棚里的饲料。比喻无能的人只贪图安逸,无远大志向。驽马:劣马,跑不快的马;栈:指马棚。

［出处］《三国志·曹真传》:"桓范出赴爽,宣王谓蒋济曰:'智囊往矣。'济曰:'范则智矣,驽马恋栈豆,爽必不能用也。'"

［用例］清纪迈宜《俭重堂诗·洛口仓歌》:"关中后起嗟何及,直取独夫

未为失。驽马恋栈古所嗟，临机不断亡无日。”清许奉恩《里乘》第三卷：“语云：驽马恋栈，久必蹶蹇。”

［**用法**］主谓式，作宾语、定语，含贬义。

驽马铅刀

［**释义**］蹩脚的马，不快的刀。比喻才能平庸，不中用。铅刀：铅质的刀。

［**出处**］西晋左思《咏史八首》：“铅刀贵一割，梦想骋良图。左眄澄江湘，右盼定羌胡。”

［**用例**］《后汉书·隗嚣传》：“昔文王三分，犹服事殷。但驽马铅刀，不可强扶。”明林希元《林次崖文集·送王千户敬之还雷阳序》：“当其有事，虽驽马铅刀，皆可割驰；当其无事，虽骅骝干将，亦无所用。”

［**用法**］联合式，作宾语、定语。

驽马十驾

［**释义**］良马一天能跑千里，劣马十天也能跑千里。比喻智力低的人只要刻苦学习，也能追上资质高的人。驽马：劣马；十驾：用马拉车，一天叫作一驾，十驾就是积十天的路程。

［**出处**］《荀子·劝学》：“骐骥一跃，不能十步；驽马十驾，功在不舍。”

［**用例**］清汪由敦《松泉集·跋手临赵书金刚经》：“重以人事纷遽，幸而不至中辍，驽马十驾，讵不信夫。”

［**用法**］主谓式，作谓语、宾语，含褒义。

［**异文**］驽马十舍

《淮南子·齐俗训》：“夫骐骥千里，一日而通；驽马十舍，旬亦至之。”

怒猊渴骥

[**释义**] 如愤怒的狮子撬扒石头,口渴的骏马奔向泉水,形容书法遒劲奔放。猊:狻猊,即狮子。

[**出处**]《新唐书·徐浩传》:"始,浩父峤之善书,以法授浩,益工。尝书四十二幅屏,八体皆备,草隶尤工,世状其法曰:'怒猊抉石,渴骥奔泉。'"

[**用例**] 宋陈造《江湖长翁集·次韵梁教授》:"向来玩碑一再宿,怒猊渴骥惭旧评。柴车争道乏妙领,画沙之锥犹露颖。"宋许景衡《横塘集·静堂为弼上人题》:"森然玉箸垂银钩,怒猊渴骥蟠灵湫。锦囊象轴光油油,自笑长物犹见留。"

[**用法**] 联合式,作宾语、定语,用于形容书法等。

匹马只轮

[**释义**] 一匹战马,一只车轮,微不足道的一点兵马装备。形容全军覆没、溃败。

[**出处**]《公羊传·僖公三十三年》:"然而晋人与姜戎要之殽而击之,匹马只轮无反者。"

[**用例**] 汉董仲舒《春秋繁露·卷五》:"穆公不听,师果大败殽中,匹马只轮无反者。"明冯梦龙《东周列国志》第四十五回:"杀得血污溪流,尸横山径,匹马只轮,一些不曾走漏。"

[**用法**] 联合式,作宾语、主语。

牝牡骊黄

［释义］相骏马不必拘泥于外形及公母。原意是观察事物要注重本质，不在乎外表怎样，后用来比喻事物的表面现象。牝牡：雌雄；骊：黑色。

［出处］《列子・说符》："秦穆公谓伯乐曰：'子之年长矣，子姓有可使求马者乎？'伯乐对曰：'良马可形容筋骨相也。天下之马者，若灭若没，若亡若失。若此者绝尘弭躐。臣之子皆下才也，可告以良马，不可告以天下之马也。臣有所与共担纆薪菜者，有九方皋，比其于马，非臣之下也。请见之。'穆公见之，使行求马。三月而反，报曰：'已得之矣，在沙丘。'穆公曰：'何马也？'对曰："牝而黄。'使人往取之，牡而骊。穆公不说，召伯乐而谓之曰：'败矣，子所使求马者！色物牝牡，尚弗能知，又何马之能知也？'伯乐喟然太息曰：'一至于此乎！是乃其所以千万臣而无数者也。若皋之所观，天机也。得其精而忘其粗，在其内而忘其外。见其所见，不见其所不见；视其所视，而遗其所不视。若皋之相者，乃有贵乎马者也。'马至，果天下之马也。"

在这段出处里，有这样一个故事。春秋时，秦国的秦穆公要善于相马的伯乐派人为他寻找千里马。伯乐推荐九方皋。秦穆公接见了九方皋，派他去寻找最好的千里马。三个月后，九方皋回来报告说：已经找到了，但是牵回来的马和九方皋说的颜色和公母对不上。穆公批评伯乐，伯乐却赞叹九方皋相马的本领高深，说他抓住了本质不妨忽略表象，审查了内容不妨忽略其外形。他只去看他要看的，不去看他不必要看的；只观察他应观察的，丢开他不必要观察的。像九方皋这样观察事物的方法，有比相马更加重要的意义啊。马牵来了，经过试用，果然是上好的千里马。

［用例］元仇远《金渊集・二马图》："平生自比九方皋，牝牡骊黄骨相高。寄语金台求骏者，精神元不在皮毛。"明李贽《杂说》："追风逐电之足，决不在于牝牡骊黄之间。"

［用法］联合式，作宾语、定语。

［异文］骊黄牝牡

明文征明《跋米临禊帖》："盖昔人论书，有脱墼之诮，米公得此意，故所作如此。观者当求之骊黄牝牡之外也。"

骐骥一毛

［释义］良马的一根毛，比喻稀有珍贵物品的极小部分。

［出处］宋黄伯思《记石经与今文不同》："此石刻在洛阳，本在洛宫前御史台中，年久摧散。洛人好事者时时得之，若骐骥一毛，虬龙片甲。"

［用例］清程恩泽《程侍郎遗集·泰阶六符后序》："先生绩学，嗜古无所不窥，尤好阐天人之祕，此仅骐骥一毛耳。"清吴玉搢《金石存·汉华山碑》："凡顾亭林、朱竹垞、刘太乙、顾南原，所见皆此一本，几以为骐骥一毛，虬龙片甲，世间无复副本矣。"

［用法］偏正式，作宾语。

乞儿马医

［释义］旧指卑贱的人。乞儿：乞丐；马医：兽医中专给马治病的人。

［出处］《列子·黄帝》："自此之后，范氏门徒，路遇乞儿马医，弗敢辱也。"

［用例］清钱谦益《牧斋有学集·亚中大夫福建布政司左参政管延平府事朱君墓志铭》："乙酉元旦，北向擗踊。清明日，拊膺哭曰：'乞儿马医，沥酒渍地，十二陵谁奠一盂麦饭耶。'"章炳麟《驳神我宪政说》："既与乞儿马医同贱，为民请命，是其故常。"

［用法］联合式，作宾语、定语。

千兵万马

［释义］兵马众多。比喻战争激烈，声势浩大。

［出处］《南史·陈庆之传》："先是洛阳谣曰：'名师大将莫自牢，千兵万马避白袍。'"

［用例］《朱子语类》卷一〇一："吕与叔文集煞有好处，他文字极是实，说得好处，如千兵万马，饱满伉壮。"清陈忱《水浒后传》第三十三回："不怕将勇兵强，唯这萨头陀妖法，虽有千兵万马，也抵当不住。"

［用法］联合式，作主语、宾语，含褒义。

［异文］（1）千军万马

宋陈亮《中兴遗传序》："千军万马，头目转动不常，意之所指，犹望必中。"

（2）万马千军

明施耐庵《水浒传》第一百十八回："见今万马千军厮杀之地，你如何走得到这里？"

墙头马上

［释义］比喻男女互相爱慕。

［出处］唐白居易《井底引银瓶》："妾弄青梅凭短墙，君骑白马傍垂杨。墙头马上遥相顾，一见知君即断肠。"

［用例］宋柳永《长相思》："墙头马上，漫迟留、难写深诚。"元白朴《墙头马上》第一折："今夜里早赴佳期，成就了墙头马上。"

［用法］联合式，作宾语、状语。

［异文］马上墙头

宋晁端礼《水龙吟》:“马上墙头,纵教瞥见,也难相认。”

敲牛宰马

［释义］指宰杀牲畜。

［出处］元关汉卿《五侯宴 · 太平令》:“则今日敲牛宰马,做一个庆喜的筵席。”

［用例］明施耐庵《水浒传》第五十一回:“话说梁山泊聚义厅上,晁盖、宋江并众头领与扑天雕李应陪话,敲牛宰马,做庆喜筵席,犒赏三军。”明佚名《桃园结义》第三折:“俺如今敲牛宰马将苍天告,则愿的共死同生未为老。”

［用法］联合式,作谓语、宾语、定语,用于书面语。

青梅竹马

［释义］形容小儿女天真无邪玩耍游戏的样子,现指男女幼年时亲密无间。青梅:青的梅子;竹马:儿童以竹竿当马骑。

［出处］唐李白《长干行》:“郎骑竹马来,绕床弄青梅。同居长干里,两小无嫌猜。”

［用例］清樊增祥《樊山续集 · 鹊桥仙其二代夫人答》:“青梅竹马,玉台纱障,成就神仙夫妇。两情如蜜透中边,浑不识、梨酸杏酢。”清杨鸾《邈云楼集六种 · 小院》:“苦忆青梅竹马,待细把通盘数打,薄命总输箫凤侣,问当初,可是悠悠者,寄一语三生借。”

［用法］联合式,作主语、宾语,含褒义。

情在骏奔

［释义］一心急着去奔丧。

［出处］晋陶潜《陶渊明集·归去来兮辞》："寻程氏妹丧于武昌，情在骏奔，自免去职。"

［用例］宋罗愿《鄂州小集·陶令祠堂记》："仕不曰行志，聊资三径而已。去不曰为高，情在骏奔而已。饥则乞食，醉便遣客。不借琴以为雅，故无弦亦可。"清邢昉《石臼集·闻韩氏妹讣》："世故势崩迫，予情在骏奔。荒丘何日到，寒草倍吞声。"

［用法］主谓式，作谓语。

秋高马肥

［释义］秋高气爽，马匹肥壮，古常以此指北方部族活动的季节。

［出处］唐杜甫《杜工部集·为华州郭使君进灭残寇形势图状》："今残孽虽穷蹙日甚，自救不暇，尚虑其逆帅望秋高马肥之便，蓄突围拒辙之谋，大军不可空勤转输之粟，诸将宜穷掎角之进。"

［用例］宋李纲《靖康传信录》卷三："臣恐秋高马肥，虏必再至，以责前约。"清俞正燮《癸巳类稿·俄罗斯事辑》："其外市，则西至安集，延伊犁、哈密、喀尔喀，东至黑龙江，秋高马肥，被羼捆货而至。"

［用法］联合式，作定语。

求马唐肆

［释义］到空的市集买马，比喻所求的方法途径不对，必无所获。唐：原指无壁之屋，引申为空的；肆：铺子，这里指卖马的地方。

［出处］《庄子·田子方》："彼已尽矣，而女求之以为有，是求马于唐肆也。"

［用例］宋雷思齐《易图通变·河图遗论》："徒自言人人殊，使学者亡羊多岐，求马唐肆，纷如聚讼，吾谁适从。"宋陆佃《陶山集·祭王元泽待制墓文》："怀旧感今，掷笔掩袂。犹想当年，拍手论议，白下长干，倒屣曳履，遗舟夜壑，求马唐肆。顾瞻空山，潸焉出涕。"

［用法］动宾式，作宾语、定语。

裘马清狂

［释义］指生活富裕，放逸不羁。

［出处］唐杜甫《壮游》："放荡齐赵间，裘马颇清狂。"

［用例］宋陆游《剑南诗稿·醉题》："裘马清狂锦水滨，最繁华地作闲人。金壶投箭消长日，翠袖传杯领好春。"清赵翼《瓯北诗话·杜少陵诗》："当其游吴越，游齐赵，少年快意，裘马清狂，固尚未困厄。"

［用法］主谓式，作谓语、定语、宾语。

［异文］裘马轻狂

清苗蕃《瀑音·述怀四十韵》："弱冠时裘马轻狂，喜西北有高楼，岫云翠园里，快意五六年。"

裘马声色

［释义］衣轻裘，乘肥马，醉心歌舞，迷恋女色。谓贪图享受，生活糜烂。

［用例］明顾梦圭《疣赘录·赠陆素亭序》："君在子姓中，独谨饬醇厚，无裘马声色之好。"明归有光《震川集·诸王总论》："宋诸王咸以文雅自饬，工笔札，喜《诗》《书》，不专溺于裘马声色之间，盖其风流自上被之也。"明马世奇《澹宁居文集·太学秦公蕃墓志铭》："余私自叹世家子，有脱然裘马声色如君者。"

［用法］联合式，作宾语、定语。

犬马恋主

［释义］狗马对主人忠心，不忍离主人而去。比喻人臣对君王的忠诚。

［出处］三国魏曹植《上责躬应诏诗表》："踊跃之怀，瞻望反侧，不胜犬马恋主之情。"

［用例］南朝宋鲍照《从临海王上荆初发新渚》："狐涂怀窟志，犬马恋主情。"唐李白《李太白集·为赵宣城与杨右相书》："犬马恋主，迫于西汜。所冀枯松晚岁，无改节于风霜；老骥余年，期尽力于蹄足。"

［用法］主谓式，作宾语、定语。

［异文］犬马之恋

唐刘禹锡《苏州谢上表》："江海远地，孤危小臣。虽雨露之恩，幽遐必被；而犬马之恋，亲近为荣。"

犬马之报

[释义] 愿像犬马那样供人驱使,给予真挚诚恳的回报。

[出处] 晋孙绰《表哀诗》:"庶几砥砺犬马之报,岂悟一朝,复见孤弃。"

[用例] 元郑光祖《㑳梅香》第二折:"小娘子可怜见,成就了这门亲事,小生必有犬马之报。"明罗贯中《三国演义》第八回:"若得如此,布当效犬马之报。"

[用法] 偏正式,作宾语。

犬马之诚

[释义] 比喻诚心实意,一般用来谦称自己的诚意。

[出处] 三国魏曹植《曹子建集·求通亲亲表》:"臣伏以为犬马之诚不能动人,譬人之诚不能动天。崩城陨霜,臣初信之;以臣心况,徒虚语耳。"

[用例]《宋书·王敬弘》:"陛下嗣徽,特蒙眷齿,由是感激,委质圣朝。虽怀犬马之诚,遂无尘露之益。年向九十,生理殆尽,永绝天光,沦没丘壑。"《魏书·王叡》:"忽婴重疾,每屈舆驾亲临问之。荣洽生平,惠流身后,犬马之诚,衔佩罔极。"

[用法] 偏正式,作宾语。

犬马之疾

[释义] 谦称自己的疾病。

[出处] 汉孔鲋《孔丛子·论势》:"辞曰:'臣有犬马之疾,不任国事,苟

得从四民之列，子弟供魏国之征，乃君惠也。'"

［用例］《文选·张衡〈东京赋〉》："值余有犬马之疾，不能究其精详。"《梁书·刘峻传》："余有犬马之疾，溘死无时。"

［用法］偏正式，作宾语。

犬马之决

［释义］指臣僚的果敢决断。

［出处］《汉书·息夫躬传》："其有犬马之决者，仰药而伏刃。"

［用例］宋王钦若《册府元龟·诋讦》："其有犬马之决者，仰药而伏刃。虽加夷灭之诛，何益祸败之至哉？"明陆粲《左氏春秋镌·文公》："悲夫，公孙敖之二子也，死而益远。于礼，夫其耻一夫之谗，至于杀身以自明，可谓有犬马之决矣。未可谓立节也。"

［用法］偏正式，作宾语、定语。

犬马之劳

［释义］愿像犬马那样为君主奔走效力，表示心甘情愿受人驱使，为人效劳。犬马：旧时臣子对君主、仆人对主人的自喻。

［出处］《晋书·段灼传》："愿陛下思子方之仁，念犬马之劳，思帷盖之报，发仁惠之诏，广开养老之制。"

［用例］宋黄裳《演山集·谢赐诗表》："窃念臣等下肩一介之贱，内服四端之荣，未输犬马之劳，先享云天之乐。"明施耐庵《水浒传》第五十八回："说言未了，厅上厅下一齐都道：'愿效犬马之劳，跟随同去。'宋江大喜。"

［用法］偏正式，作宾语，含贬义。

［异文］(1)犬马之力

唐白居易《白氏长庆集 · 为崔相陈情表》:“傥允所请,无幸于斯。则臣乌鸟之心犹再生而展养,犬马之力,誓万死以酬恩。”

(2)效犬马力

明施耐庵《水浒传》第八十二回:“臣旧岁统率大军前去征进,非不效犬马力,奈缘暑热,军士不伏水土。”

犬马之年

[**释义**] 对尊上卑称自己的年龄。

[**出处**] 三国魏曹植《黄初六年令》:“将以全陛下厚德,究孤犬马之年,此难能也。”

[**用例**] 唐房玄龄《晋书 · 王广》:“臣犬马之年四十三矣,未能上抱天施,而备负屡彰。”明冯梦龙《警世通言 · 一窟鬼癞道人除怪》:“老媳妇犬马之年七十有五,教授青春多少?”

[**用法**] 偏正式,作宾语。

犬马之养

[**释义**] 供养父母的谦辞。

[**出处**]《论语 · 为政》:“今之孝者,是谓能养。至于犬马,皆能有养,不敬,何以别乎?”

[**用例**] 宋王安石《上相府书》:“愿殡先人之丘冢,自托于管库,以终犬马之养焉。”宋黄震《黄氏日钞 · 延平李先生师弟子答问》:“苟推测至此,孝敬之心一不存焉,即陷于犬马之养矣。”

[**用法**] 偏正式,作宾语,含褒义。

人困马乏

［释义］人马都很疲乏，形容旅途劳累、疲劳不堪。

［出处］金董解元《董解元西厢记·卷二》："奈何使刀的人困马乏，欲待挣揣些，英雄不如[illegible]撤。"

［用例］明罗贯中《三国演义》第十一回："此时人困马乏，大家面面相觑，各欲逃生。"明施耐庵《水浒传》第七十七回："马步三军没了气力，人困马乏。"

［用法］联合式，作谓语、宾语、定语。

人强马壮

［释义］形容军队的兵力很强或军容盛大。

［出处］《敦煌变文集·佛说阿弥陀经讲经文》："睹我圣天可汗大回鹘国，莫不地宽万里，境广千山，国大兵多，人强马壮。"

［用例］元武汉臣《老生儿》第一折："使不着人强马壮，端的是鬼使神差。"明罗贯中《三国演义》第一一六回："旌旗蔽日，铠甲凝霜，人强马壮，威风凛然。"

［用法］联合式，作谓语、定语，含褒义。

［异文］马壮人强

元纪君祥《赵氏孤儿》第四折："可不道马壮人强，父慈子孝，怕什么主忧臣辱。"

人语马嘶

［释义］人声喧哗，马匹嘶鸣，形容喧闹嘈杂的情景。

［出处］唐卢纶《送韦判官得雨中山》："人语马嘶听不得，更堪长路在云中。"

［用例］明施耐庵《水浒传》第八十六回："至一山口，卢俊义听的里面人语马嘶。领兵赶将入去，只见狂风大作、走石飞沙。"明罗贯中《三国演义》第六十七回："夏侯渊一军抄过山后，见重雾垂空，又闻人语马嘶，恐有伏兵，急催人马行动。"

［用法］联合式，作谓语、定语。

［异文］人喊马嘶

明凌濛初《二刻拍案惊奇》卷十四："只听得外面喧嚷，似有人喊马嘶之声，渐渐近前堂来了。"

人中骐骥

［释义］比喻才能出众的人。骐骥：良马。

［出处］《南史·徐勉传》："此所谓人中骐骥，必能致千里。"

［用例］元侯克中《艮斋诗集·寄徐中丞子方二首》："天上麒麟符治世，人中骐骥眇齐州。何时卷却经纶手，同向沧浪把钓钩。"清刘大櫆《海峰诗集·怀张绣枫》："莫谓多才是少年，诗情酒貌尽堪怜。人中骐骥能千里，海上扶摇定九天。"

［用法］偏正式，作宾语、定语，用于书面语。

戎马仓皇

［释义］指战事紧急而忙于应付。

［出处］元赵文《青山集·跋清缜堂记后》："三代而下，孰有如二公？况事势又有难于二公者，当戎马仓皇之日。"

［用例］清平步青《霞外捃屑·诗话·王仲瞿》："衣冠狼藉悲王导，戎马仓皇用李纲。"郁达夫《月夜怀刘大杰》："青山难望海云堆，戎马仓皇事更哀。"

［用法］主谓式，作宾语、定语。

戎马倥偬

［释义］形容军务紧迫繁忙。戎马：本指战马，在此借指军事、军务；倥偬：急迫繁忙。

［出处］宋李曾伯《可斋续稿·谢醮》："伏念臣顷，帅南方适。当北兵不能式遏于藩篱之外，致令浸延于堂奥之间。戎马倥偬之实繁，鱼肉生灵而甚惨。兵连三岁，害及数州。"

［用例］清魏秀仁《花月痕》第六回："两月以前，戎马倥偬；岂知今日群花围绕，玉软香温？"清百一居士《壶天录》："然至于戎马倥偬，大势已烈，只手难撑，不得不以一死报国家。"

［用法］主谓式，作谓语、定语，含褒义。

戎马劻勷

［释义］指战乱不宁。

［出处］元杨维桢《东维子文集·杭州龙翔宫重建碑》："公当戎马劻勷之际，扶植教门安于按堵，亦可谓善守成者。"

［用例］明胡应麟《诗薮·遗逸中》："盖史官所据《崇文总目》当宋盛时；而《通考》所据晁陈二氏，丁宋末造，戎马劻勷之际，疑其散佚愈众也。"清汪森《粤西诗文载·贵县学记》："方都宪公于戎马劻勷之际，而独能注意学校，以励士风，可谓知所重矣。"

［用法］主谓式，作宾语、定语，用于书面语。

戎马生郊

［释义］指国家政治混乱，连怀胎的母马也用来作战，后指战乱不断。

［出处］《老子》第四十六章："天下无道，戎马生于郊。"陈鼓应注："生于郊，指牝马生驹犊于战地的郊野。"

［用例］南北朝崔鸿《十六国春秋·燕录二》："朕猥以不德，嗣承大统，抚御寡方，致萧墙衅发，遂戎马生郊，典仪寝废。"《隋书·经籍志一》："后周始基关右，外逼强邻，戎马生郊，日不暇给。"

［用法］紧缩式，作宾语、定语。

戎马生涯

［释义］指征战的生活、经历。

［出处］清潘江《木厓集·哭从叔薪孙》："身后无穷事，知君念不忘。毕婚才一女，未葬已三丧。戎马生涯尽，妻孥归计长。脊令有高义，珍重捡诗囊。"

［用例］袁鹰《悲欢》："对于几十年戎马生涯的老战士……还有什么比这更使人豪情奔放、热血沸腾的呢？"顾笑言《爱情交响诗》第一乐章："我的父亲，那位身经百战的将军，在他前半生的戎马生涯中，几乎是战无不胜的。"

［用法］偏正式，作宾语、定语。

塞翁失马

［释义］比喻一时虽然受到损失，也许反而因此能得到好处；也指坏事在一定条件下可变为好事。塞：边界险要之处；翁：老头。

［出处］西汉刘安《淮南子·人间》："近塞上之人，有善术者。马无故亡而入胡，人皆吊之。其父曰：'此何遽不为福乎？'居数月，其马将胡骏马而归。人皆贺之。其父曰：'此何遽不能为祸乎？'家富良马，其子好骑，堕而折其髀。人皆吊之。其父曰：'此何遽不为福乎？'居一年，胡人大入塞，丁壮者引弦而战，近塞之人，死者十九，此独以跛之故，父子相保，故福之为祸，祸之为福，化不可极，深不可测也。"

在这段出处里，有这样一个故事。边塞上一个老头养着的一匹马忽然走失了。附近乡亲恐怕他因此烦恼，便都来劝慰他。谁知他根本不在乎，反而说："走失了一匹马，也许正是好事哩！"过不多久，他的马自己回来了，而且还引来了另一匹好马。乡亲们又都来向他道贺。但是他说："这不一定是好事，也许反倒是坏事哩！"过了几天，果然，他的儿子因为骑那匹好马，不小心从马上摔下来，把腿骨摔断了。乡亲们便又纷纷前来表示慰问。然而塞翁的话又使大家感到很特别，他说："这件祸事说不定又会带给我幸福呢！"后来，胡人南下，青年壮丁全被强征入伍，结果十之八九战死沙场，许多人家妻离子散，家破人亡。老头的儿子因为跛足，没被拉去当兵，父子俩得保平安。

［**用例**］宋陆游《贺蒋尚书出知婺州启》："鲁人获麟以为不祥，虽爱憎之叵测；塞翁失马未必非福，抑倚伏之何常。"明吴承恩《赠郡伯养吾范公如京改秩章词》："楚国亡猿，在事机而叵测；塞翁失马，占福泽之未来。"

［**用法**］主谓式，作宾语或分句，用于安慰语。

［**异文**］(1)失马塞翁

宋林希逸《鬳斋续集·再和除字韵》："才情向老无多许，梦觉何时解一如。失马塞翁云得马，数车柱史论无车。"

(2)北叟失马

《旧唐书·萧瑀传》："应遭剖心之祸，翻见太平之日，北叟失马，事亦难常。"

(3)塞翁祸福

宋李吕《澹轩集·水调歌头》："塞翁祸福无定，此理古犹今。妙处只应亲到，外物从渠舒卷，出处我无心。"

(4)塞翁得失

明董纪《西郊笑端集·怀季明大政二乡友》："乡里衣冠日渐稀，故人又去着戎衣。塞翁得失皆前定，莫向如今怨昨非。"

(5)得马失马

宋黄庭坚《梦中和觞字韵》："作云作雨手翻覆，得马失马心清凉。"

(6)马去马归

宋陈鹄《耆旧续闻》卷六："褐衣褐见，莫陈汉戍之便宜；马去马归，敢计塞翁之倚伏。"

(7)塞翁之马

清陈维崧《迦陵词全集·吴门喜晤丁飞涛赋赠八用前韵》:"断桥十里荷香洒。恰晴湖、乱馀西子,蛾眉重画。一笑风前齐得丧、世事塞翁之马。稽首谢、狮王棒打。"

杀马毁车

[释义] 比喻弃官归隐。

[出处]《后汉书·周燮传》:"冯良年三十,为尉从佐。奉檄迎督邮,即路慨然,耻在厮役,因坏车杀马,毁裂衣冠,乃遁至犍为,从杜抚学。"

[用例] 宋刘克庄《后村集·五和》:"戴花老岂非同姓,拾穗翁犹有远孙。杀马毁车吾耄矣,尚堪扶杖过邻村。"宋苏轼《捕蝗》:"杀马毁车从此逝,子来何处问行藏。"

[用法] 联合式,作谓语、定语、宾语。

[异文] 毁车杀马

宋陆游《谢曾侍郎启》:"毁车杀马,逝从此以径归;卖剑买牛,分余生之永已。"

声色狗马

[释义] 泛指旧时统治阶级的淫乐方式。声:歌舞;色:女色;狗:良犬;马:骏马。

[出处]《隋书·齐王暕传》:"暕颇骄恣,昵近小人,所行多不法。遣乔令则、刘虔安、裴该、皇甫谌、库狄仲锜、陈智伟等求声色狗马。"

[用例] 宋李清照《〈金石录〉后序》:"于是几案罗列,枕席枕藉,意会心谋,目往神授,乐在声色狗马之上。"清蒲松龄《聊斋志异·续黄粱》:"声色狗

马,昼夜荒淫;国计民生,罔存念虑。”

［**用法**］联合式,作主语、宾语、定语,含贬义。

［**异文**］(1)狗马声色

宋张孝祥《宣州新建御书阁记》:“谓虽极天下之贵,而退朝燕息,从容娱乐者,独在于是,狗马声色技巧之奉,不皇及也。”

(2)声色犬马

宋苏辙《龙川别志》卷上:“人主少年,当使知四方艰难。不然,血气方刚,若不留意声色犬马,则土木、甲兵、祷祠之事作矣。”

士饱马腾

［**释义**］军队中的粮饷充足,士气高昂。

［**出处**］唐韩愈《平淮西碑》:“士饱而歌,马腾于槽。”

［**用例**］清李渔《奈何天·分忧》:“若还一到便攻,一攻就战,他那里士饱马腾,这里人疲马倦,子怕没有甚么好处哩。”清冯桂芬《与吉抚部书》:“且两年中士饱马腾,支应不匮,亦有微劳。”

［**用法**］联合式,作谓语、定语,含褒义。

束马悬车

［**释义**］把马脚包裹起来,把车子挂牢固,形容路险难行。束:捆、绑;悬:挂。

［**出处**］《管子·封禅》:“西伐大夏,涉流沙,束马悬车,上卑耳之山。”

［**用例**］《史记·齐太公世家》:“桓公西伐大夏,涉流沙,束马悬车,登太行,至卑耳山而还。”《晋书·羊祜传》:“蜀之为国,非不险也,高山寻云霓,深谷肆无景,束马悬车,然后得济,皆言一夫荷戟,千人莫当。”

［用法］联合式，作谓语、定语。

［异文］(1)悬兵束马

北魏郦道元《水经注·涪水》："邓艾自阴平、景谷步道，悬兵束马，入蜀径江油、广汉者也。"

(2)悬车束马

《国语·齐语》："悬车束马，逾太行与辟耳之溪拘夏。"韦昭注："太行、辟耳，山名也。拘夏，辟耳之溪也。三者皆山险溪谷，故悬钩其车，逼束其马以渡。"

率马以骥

［释义］以良马带领群马，比喻以贤能者给众人作楷模。

［出处］汉扬雄《法言·修身》："或曰：'治己以仲尼，仲尼奚寡也？'曰：'率马以骥，不亦可乎？'"

［用例］《三国志·杜畿传》："昔仲尼之于颜子，每言不能不叹，既情爱发中，又宜率马以骥。今吾亦冀众人仰高山，慕景行也。"宋黄庭坚《山谷别集·答何斯举书四》："宗伯苏端明之诗笔，语妙天下，于今为独步，当激赏其妙处，率马以骥也。"

［用法］复句式，作谓语。

死马且作活马医

［释义］比喻在绝望的情况下尽可能地挽救处置，寄希望于万一，亦作"且作死马医"。

［出处］《晋书·郭璞传》："固所乘良马死，固惜之，不接宾客。璞至，门吏不为通。璞曰：'吾能活马。'吏惊入白固。固趋出曰：'君能活吾马乎？'璞

曰:‘得健夫二三十人,皆持长竿,东行三十里,有丘林设庙者,便以竿打拍,当得一物,宜急持归。得此,马活矣。’固如其言,果得一物似猴,持归。此物见马死便嘘吸其鼻。顷之,马起,奋迅嘶鸣,食如常,不复见向物。固奇之,厚加资给。”

［用例］宋何薳《春渚纪闻·死马医》:“其子曰:‘大人疾势,虽淹久,幸左右一顾,且作死马医也。’闻者无不绝倒。”

［用法］复句式,作宾语或分句,含褒义。

［异文］作死马医

宋惠洪《僧宝传·韶州云门大慈云弘明禅师》:“三乘十二分教横说竖说,天下老和尚纵横十字说,与我拈针锋许说底道理将来看,与幺道早是作死马医。虽然如此,且有几个到此境界。”

四马攒蹄

［释义］指两手两脚被捆在一起。

［出处］元关汉卿《调风月》第二折:“则道是孤鸿伴影,几时吃四马攒蹄。”

［用例］明吴承恩《西游记》第七十五回:“三怪把行者扳翻倒,四马攒蹄捆住,揭起衣裳看时,足足是个弼马温。”清俞万春《荡寇志》第四回:“连那两个亲随,都四马攒蹄,紧紧的捆了。”

［用法］复句式,作谓语、宾语或分句,含贬义。

驷不及舌

［释义］话一说出去,就是用四匹马拉的车子也追不回来,指话说出口就不能再收回,一定要说话算数。

［出处］《论语·颜渊》："子贡曰：'惜乎！夫子之说君子也，驷不及舌。'"何晏集解引郑玄曰："过言一出，驷马追之不及。"

［用例］唐刘知几《史通·书志》："谈何容易，驷不及舌，无为强著一言，受嗤千载也。"清和邦额《夜谭随录·猫怪三则》："猫曰：'无有不能言者，但犯忌，故不敢耳。今偶脱于口，驷不及舌，悔亦何及。'"

［用法］主谓式，作分句，用于人。

［异文］（1）驷马难追

唐道宣《广弘明集·析疑论》："君子剧谈幸无虚论。一言易失驷马难追。斯文诫矣。深可慎哉。"

（2）驷马不追

春秋战国辛钘《文子·微明》："附耳之语，流闻千里。言者祸也，舌者机也。出言不当，驷马不追。"

（3）驷马莫追

宋俞琰《林屋山人漫稿·一默斋诗卷后》："一言之出，驷马莫追。万言万当，不如一默。言之出口，盖不可不慎也。"

驷马高车

［释义］指显贵者所乘的驾四马的高车，形容显达富贵。

［出处］《汉书·于定国传》："始定国父于公，其闾门坏，父老方共治之。于公谓曰：'少高大闾门，令容驷马高盖车。我治狱多阴德，未尝有所冤，子孙必有兴者。'至定国为丞相，永为御史大夫，封侯传世云。"

［用例］元关汉卿《金线池》第一折："做的个五花诰夫人，驷马高车锦绣裀。"

［用法］偏正式，作宾语、定语。

［异文］（1）高车驷马

北魏郦道元《水经注·江水一》："城北十里曰升仙桥，有送客观，司马相如将入长安,题其门曰:不乘高车驷马,不过汝下也。后入邛蜀,果如志焉。"

(2)驷马高盖

《南史·隐逸传上·渔父》:"吾黄金白璧,重礼也;驷马高盖,荣势也。"

(3)驷马轩车

清方文《为陈俞公五十初度》:"驷马轩车易倾覆,何如野老话桑麻。"

驷马高门

[释义] 指门第显赫。

[出处]《汉书·于定国传》:"始定国父于公,其闾门坏,父老方共治之。于公谓曰:'少高大闾门,令容驷马高盖车。我治狱多阴德,未尝有所冤,子孙必有兴者。'至定国为丞相,永为御史大夫,封侯传世云。"

[用例] 金元好问《与宗秀才》:"莺迁高树音容改,鱼得明珠尾鬣殊。驷马高门看他日,始知种德有根株。"明李梦阳《空同集·赠王推官相国之子》:"三槐旧业承非忝,驷马高门望与俱。相国醴筵今更数,在邦无忆鲤庭趋。"

[用法] 联合式,作宾语、定语。

素车白马

[释义] 1. 古代凶、丧之事所用的白车白马。

[出处]《尸子》卷上:"汤之救旱也,乘素车白马,着布衣,婴白茅,以身为牲,祷于桑林之野。"

[用例]《史记·高祖本纪》:"秦王子婴素车白马,系颈以组,封皇帝玺符节,降轵道旁。"《后汉书·独行传·范式》:"劭死,式驰赴之,未至而丧已发引。既至圹,将窆,柩不肯进。遂停柩移时,乃见素车白马,号哭而来。"

[释义] 2. 指一般的白色车马。

［出处］汉枚乘《七发》："其始起也，洪淋淋焉，若白鹭之下翔。其少进也，浩浩溰溰，如素车白马帷盖之张。"

［用例］晋干宝《搜神记》卷四："秦始皇三十六年，使者郑容，从关东来，将入函关，西至华阴，望见素车白马，从华山上下。"明许承钦《钱塘江观潮》："霸气至今消不尽，素车白马驾虹蜺。"

［用法］联合式，作宾语、定语。

素丝良马

［释义］礼遇贤士。

［出处］《诗经·鄘风·干旄》："素丝纰之，良马四之。"郑玄笺："素丝者以为缕，以缝纰旌旗之旒縿。"朱熹集传："言卫大夫乘此车马，建此旌旄，以见贤者。"

［用例］宋范处义《诗补传》卷四："言访善人之广，无内外远近之弗及也。素丝良马，聘善人之礼也。"清顾栋高《毛诗订诂》卷二："素丝良马，是聘贤之礼也。言居此贵位，而能施隆礼，所以为贤。"

［用法］联合式，作宾语、定语，用于书面语。

天马行空

［释义］天马奔腾神速，像是腾起在空中飞行一样。比喻诗文气势豪放，不受约束，现也用来形容言论空泛，不着边际。天马：神马。

［出处］宋陈仁子《文选补遗·成帝白虎殿问贤良》："申屠不畏王氏刘蕡，不畏宦官，皆人所难言者。比之谷永、杜钦辈，何啻天马行空，香象渡河，潇然尘埃之外。"

［用例］元刘子钟《萨天锡诗集序》："其所以神化而超出于众表者，殆犹

天马行空而步骤不凡。”清昭梿《啸亭杂录 · 山舟书法》:“惟公兼数人之长,出入苏米,笔力纵横,浑如天马行空。”叶圣陶《倪焕之》第九章:“真是个‘天马行空’的家伙,口口声声现状不对,口口声声理想教育。”

[用法] 主谓式,作谓语、定语。

童牛角马

[释义] 无角的牛和生了角的马。比喻事物不伦不类,违背常理。童牛:没有角的牛;角马:长角的马。

[出处] 汉扬雄《太玄经 · 更》:“次五,童牛角马,不今不古。测曰:‘童牛角马,变天常也。’”元熊朋来《五经说 · 抑》:“《太玄》云:‘童牛角马。’言马童而牛角,以无角为有角,所谓彼童而角也。”

[用例] 宋王应麟《困学纪闻 · 书》:“《太玄》所谓童牛角马,不今不古者欤? 苏威五教,绰之遗风也。”

[用法] 联合式,作宾语、定语,含贬义。

土牛木马

[释义] 泥塑的牛,木做的马,形似牛马而非牛马,比喻有其名而无其实。

[出处]《关尹子 · 八筹》:“知物之伪者,不必去物,譬如见土牛木马,虽情存牛马之名,而心忘牛马之实。”

[用例]《北史 · 苏绰传》:“若门资之中而得愚瞽,是则土牛木马,形似而用非,不可以涉道也。”清李海观《歧路灯》第十九回:“大凡败家子弟性情,俱是骄傲的。今日希侨如何不拿出公子性情来? 只为嵩淑开口几句令祖,希侨也不是土牛木马,也自觉辱没先世。”

［用法］联合式，作宾语、定语，含贬义。

万马奔腾

［释义］成千上万匹马在奔跑腾跃，形容群众性的活动声势浩大或场面热烈。

［出处］宋刘一止《苕溪集·水村二首示友人》："秋光有尽意无尽，万马奔腾小作阵。眼中未饱公莫回，饥肠作恶如鸣雷。"

［用例］明毕木《黄发翁全集·巉岩花雪》："白岳西为东陵山，亦名巉岩。奇石异状，森立叠出。有试刀、试枪之名，有种金仙人之像。云雾半出，望之如群仙罗列、万马奔腾。"明凌濛初《拍案惊奇·钱多处白丁横带，运退时刺史当艄》："空中如万马奔腾，树杪似千军拥沓。"

［用法］主谓式，作宾语、定语，含褒义。

万马齐喑

［释义］众马都沉寂无声。比喻人们都沉默，不敢发表意见。喑：哑。

［出处］宋苏轼《苏文忠公全集·三马图赞》："出东华门，入天驷监，振鬣长鸣，万马皆喑，父老纵观，以为未始见也。"关于该成语，有这样一则故事。清龚自珍《定庵全集》续集中有诗："九州生气恃风雷，万马齐喑究可哀。我劝天公重抖擞，不拘一格降人才。"大意是我希望中国能够振兴，不要限于陈规，要选拔大批杰出人士，担负起这个重任。当时正是鸦片战争前一年（1839年），龚自珍愤慨朝廷内外尽是庸庸碌碌无为之辈，辞官由京返杭，"过镇江，见赛玉皇及风神、雷神者，祷祠万数，道士乞撰青词"，便写了这首诗。

［用例］清陈维崧《迦陵词全集·题曹实庵珂雪词》："满酌凉州酝。爱

佳词、一编《珂雪》,雄深苍稳。万马齐喑蒲牢吼,百斛蛟螭困蠢。算笛拍、莺簧休混。”明曹震《春兴用侯朝宗韵》:“万马齐喑冀北空,骊黄牝牡入群融。野花隐有经年意,春树都能数日红。”

[用法] 主谓式,作谓语、定语,含贬义。

问羊知马

[释义] 先打听羊的价钱,即可以推知马的价钱。比喻从侧面推敲,以得知事实真相。

[出处]《汉书·赵广汉传》:“钩距者,设欲知马贾,则先问狗,已问羊,又问牛,然后及马,参伍其贾,以类相准,则知马之贵贱,不失实矣。”

[用例] 宋孙觌《鸿庆居士集·静治堂记》:“简发数米,问羊知马。先事俟情机开,犍闭设为钩距,以示神明。”宋卫博《定庵类稿·通问王舒州启》:“卖刀买犊,而人问务本。问羊知马,而吏不敢欺。”

[用法] 连动式,作谓语、定语,含褒义。

[异文] 问牛知马

宋蔡戡《定斋集·除湖广总领谢宰执启》:“以狗续貂,滥篴英游之末。问牛知马,遂为俗吏之归。”

乌白马角

[释义] 马头生角,乌鸦变白。比喻不能实现之事。

[出处] 汉佚名《燕丹子》卷上:“燕太子丹质于秦,秦王遇之无礼,不得意,欲求归,秦王不听。谬言令乌白头、马生角乃可许耳。丹仰天叹,乌即白头、马生角,秦王不得已而遣之。”在这段出处里,有这样一个故事。战国时,燕国太子丹在秦为人质。秦王不用应有的礼节来礼遇太子丹,这让太子丹

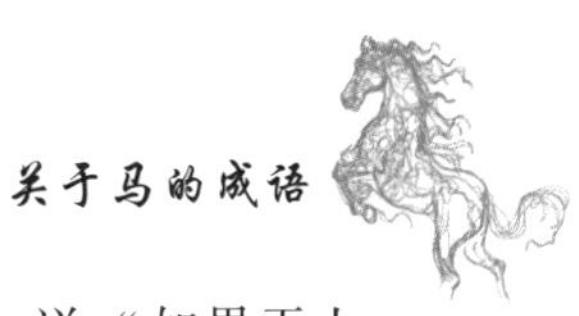

内心很不满,于是他想回到自己的国家。秦王却故意刁难他,说:“如果天上下粟,乌鸦头变白,马头生角,你就可以返回自己的国家了!”

太子丹听到秦王如此嘲弄自己,明摆着就是要把自己终身囚禁在秦国,想到自己只能忍气吞声迫留于此,虽然气愤但也无计可施,只能仰天长叹,吞声饮泣。太子丹的一片诚心,感动了上天。就在这时,天上下起了粟,乌鸦变白了头,马头上长出了角。秦王看到这些奇异的事情,哑口无言。最后,太子丹回到了自己的国家。

[**用例**] 南朝宋鲍照《代白纻舞歌辞》之四:“思君厚德委如山,洁诚洗志期暮年,乌白马角宁足言。”明王廷陈《梦泽集·白畂辞五首》:“竽瑟会节间笙簧,乐极悲来起徬徨。共指皎日输肝肠,乌白马角誓不忘。”

[**用法**] 联合式,作宾语、定语。

[**异文**] (1)马角乌头

明王彦泓《疑雨集·金缕曲四首》:“鸳鸯牒下喜难持,马角乌头尽有私。湘浦珮珠虽赠早,成都玉杵却来迟。”

(2)乌头马角

明宋懋澄《九籥集·景延卿诗稿序》:“倘有乌头马角之思,先生安得佐秦逐鹿,以药囊提荆卿耶。”

(3)天粟马角

清顾炎武《菰中随笔》:“燕太子丹,不过礼士慕侠,而一时燕赵慷慨之徒,不平其事,遂有天粟马角之谈。”

乌焉成马

[**释义**] 乌、焉、马三字字形相近,几经传抄便容易写错,指文字因形体相似而传写错误。

[**出处**]《周礼·天官·缝人》:“丧,缝棺饰焉。”汉郑玄注:“故书焉为马,杜子春云‘当为焉’。”

[用例] 宋惠洪《僧宝传 · 慈明禅师》："谚曰：'字经三写，乌焉成马。'此言虽小，可以喻大。"清刘献廷《广阳杂记》卷四："予意黄鹤楼即黄鹄矶，后人讹'鹄'为'鹤'……字经三写，乌焉成马。天下事已往者皆成冷风荡烟，又何是非之可论？"

[用法] 主谓式，作谓语、定语，含贬义。

五马分尸

[释义] 古代酷刑之一，即用五匹马分别拴住人的四肢和头部，然后驱马，把人撕裂。后比喻把完整的东西分割成零散状的。

[用例] 明雷梦麟《读律琐言 · 杀一家三人》："所谓支解人者，谓将活人支解而杀之如五马分尸，先断腰臂之类是也。"明胡文焕《群音类选 · 王昭君和番》："无不盖你亏心汉，今日把你分尸五马，远配千年。"清董沛《六一山房诗集 · 金陵妓》："五马分尸伪宫侧，淮流澄清血流碧。青楼女子死为国，金陵逃官愧无色。"

[用法] 主谓式，作宾语，含贬义。

舞刀跃马

[释义] 挥舞刀枪，纵跃战马，指奋勇作战。

[出处] 明罗贯中《三国演义》第六十五回："魏延只道是马超，舞刀跃马而进。"

[用例] 明熊大木《杨家将演义》第二回："马氏大怒，舞刀跃马，直杀过来。呼延赞拍马迎之。"明甄伟《东西汉通俗演义 · 文叔逃难遇杜茂》："彭曰：'尔乃白水村叛贼，岂降汝哉？'阵前恼了姚期，舞刀跃马而出，大骂岑彭匹夫，敢辱吾主。"

［用法］联合式，作谓语、宾语。

系马埋轮

［释义］指敌人进攻时，系住马，埋车轮于地，以示固守不退。

［出处］《孙子·九地》："是故方马埋轮，未足恃也。"曹操注："方，缚马也。埋轮，示不动也。"

［用例］宋司马光《资治通鉴·世祖文皇帝下》："孰能被坚执锐，长驱深入，系马埋轮，奋不顾命，以先士卒者乎？"

［用法］连动式，作谓语、定语，用于书面语。

下马冯妇

［释义］比喻重操旧业的人。

［出处］《孟子·尽心上》："晋人有冯妇者，善搏虎，卒为善士；则之野，有众逐虎，虎负嵎，莫之敢撄；望见冯妇，趋而迎之，冯妇攘臂下车，众皆悦之，其为士者笑之。"

［用例］清文康《儿女英雄传》第三三回："还仗天祖之灵，才幸而作了个失马塞公，如今要再去学那下马冯妇，也就似乎大可不必了！"

［用法］偏正式，作宾语、定语，用于书面语。

下马看花

［释义］比喻停下来，深入实际，认真调查研究。

［用例］毛泽东《在鲁迅艺术学院的讲话》："俗话说：'走马看花不如驻

马看花，驻马看花不如下马看花。’我希望你们都要下马看花。”毛泽东《在中国共产党全国宣传工作会议上的讲话》：“另外一些人可以在工厂农村里住几个月，在那里作调查，交朋友，这叫‘下马看花’。”郭沫若《文化上的友谊竞赛》：“毛主席要我们‘下马观花’，我看我们便应该有组织、有计划地实际下马。”

［用法］连动式，作谓语、宾语、定语。

鲜车怒马

［释义］崭新的车，肥壮的马。形容服用讲究，生活豪华。鲜车：装饰华美的车辆；怒马：健壮有朝气的骏马。

［出处］《后汉书·第五伦传》：“蜀地肥饶，掾史家赀多至千万，皆鲜车怒马，以财货自达。”

［用例］宋梅尧臣《宛陵集·和和之南斋画壁歌》：“终南下临长安城，峻栏高槛黄金赢。嵩山亦近洛阳陌，鲜车怒马一日程。”清何栻《河决中牟纪事》：“河上官僚笑相视，鲜车怒马迎新使，六百万金大工起。”

［用法］联合式，作宾语、定语。

［异文］鲜车健马

唐康骈《剧谈录·曲江》：“彩幄翠帱，匝于堤岸，鲜车健马，比肩击毂。”

鲜衣怒马

［释义］美服壮马，谓服饰豪奢。

［出处］唐魏征辑《群书治要·晋书上》：“官以文学为名，实不读书。但共鲜衣怒马，纵酒高会，嬉游博奕，岂有切磋能相长益？”

［用例］明沈德符《野获编·刑部·冤狱》：“群盗得志，弥横恣为推埋，

鲜衣怒马，以游侠为称，其魁名朱国臣者，初亦宰夫也。”清陈寅《驭仆篇》：“鸦片洋标束锦装，鲜衣怒马浮云队。”

［**用法**］联合式，作宾语、定语，用于书面语。

［**异文**］鲜衣良马

《太平广记》卷第三一〇引唐戴孚《广异记·汝阴人》：“汝阴男子姓许，少孤，为人白皙，有姿调，好鲜衣良马，游骋无度。”

心猿意马

［**释义**］原为佛教用语。佛教以猿马性喜外驰来形容众生的心不能安住，喜攀缘外境，以猿腾马奔比喻凡心无常、无定而又多变，后用以比喻心思不专，变化不定。

［**出处**］《敦煌变文集·维摩诘经讲经文又双》：“卓定深沉莫测量，心猿意马罢颠狂。”

［**用例**］唐许浑《题杜居士》：“机尽心猿伏，神闲意马行。”宋道潜《赠贤上人》：“心猿意马就羁束，肯逐万境争驰驱。”

［**用法**］联合式，作谓语、定语，含贬义。

［**异文**］意马心猿

宋朱翌《睡轩》：“意马心猿不用忙，睡乡深处解行装。”

信马由缰

［**释义**］骑着马无目的地闲逛，任马行走，也比喻人没有目标地随便走。信、由：听任。

［**用例**］清李海观《歧路灯》第八十五回：“却说王氏是一个昏天黑地的母亲，绍闻是一个信马由缰的儿子。”清石玉昆《侠义传》第六回：“包兴跟随，

明知老爷为难,又不敢问,信马由缰,来至一座山下,虽不是峻岭高峰,也觉得凶恶。”老舍《四世同堂》五十二章:“他气昏了头,不知往哪里去好,于是就信马由缰地乱碰,走了一二里地,他的气几乎完全消了。”

[用法] 偏正式,作谓语。

朽索驭马

[释义] 用腐烂的绳索驾驭奔驰的马,形容十分危险,多含戒惧之意。

[用例] 宋陈次升《谠论集 · 仁民》:“古人以水能覆舟,朽索驭马为戒者,岂徒念民之孔艰。”宋胡寅《致堂读史管见 · 安帝晋纪》:“古人所以有朽索驭马之惧也,靖未为奇才也。天下之如靖者亦不少矣,惟不在上而在下也,天下所以多事而难乎也。”明杨寅秋《临皋文集 · 史采疏》:“大哉王言,念艰虞之同心,追往事之如昨。古朽索驭马之戒,不凛于此矣。”

[用法] 偏正式,作宾语、定语,用于比喻句。

[异文] 腐索御马

宋李昉《太平御览 · 人事部 · 谨慎》:“《淮南子》曰:‘君子之居民上也,以腐索御马,恐失民意,履薄冰蛟在其下。’”

燕昭市骏

[释义] 战国时郭隗以古代君王悬赏千金买千里马为喻,为招纳贤士之典。

[出处]《战国策 · 燕策一》:“郭隗先生曰:‘臣闻古之君人,有以千金求千里马者,三年不能得。’涓人言于君曰:‘请求之。’君遣之。三月得千里马,马已死,买其首五百金,反以报君。君大怒曰:‘所求者生马,安事死马而捐五百金?’涓人对曰:‘死马且买之五百金,况生马乎?天下必以王为能市马,

马今至矣。'于是不能期年,千里之马至者三。"

在这段出处里,有这样一个故事。古代有一位国君想用千金买千里马,寻求了很多年也没有得到。一个近侍之臣对国君说:"请让我去寻求千里马吧。"国君派他去做这件事。数月后寻到了千里马,但是马已经死了,近侍之臣用五百金买下了这匹千里马的头,返回向国君报告。国君大怒,说:"我想寻求的是活着的千里马,怎么用五百金买了一匹死千里马?"近侍之臣回答说:"死的千里马尚且用五百金来买,何况活马呢?天下的人一定认为国君有交易千里马的诚意,千里马很快就要到了。"果然,不出一年,有很多千里马来到。

[**用例**] 唐高适《高常侍集·同鲜于洛阳于毕员外宅观画马歌》:"家僮愕视欲先鞭,枥马惊嘶还屡顾。始知物妙皆可怜,燕昭市骏岂徒然。"清沈钟《霞光集·黄金台怀古》:"四海凤麟归苑囿,中朝松柏尽徂徕。君臣此日多交泰,那数燕昭市骏来。"

[**用法**] 主谓式,作宾语、定语。

[**异文**] (1)燕骏千金

宋真德秀《西山文集·谢赐衣带鞍马表》:"舜裳五色,惭微裨补之能;燕骏千金,愿广招徕之意。"

(2)金台市骏

清富察敦崇《燕京岁时记·大钟寺》:"长安少年多驰骡车马以为乐,超尘逐电,劳瘁不辞。一骑之费,有贵至数百金者。岂犹有金台市骏之遗风欤?"

(3)燕昭好马

《旧唐书·薛登传》:"燕昭好马,则骏马来庭;叶公好龙,则真龙入室。"

(4)千里骏骨

明李贽《复梅客生》:"若计此时有具眼人能破格欲求千里骏骨,难矣!"

(5)千金买骨

唐牛上士《古骏赋》:"怀玉台兮伤远道,朝朝暮暮衔枯草。千金买骨君傥知,百万交钱犹未老。"

一马当先

［**释义**］指作战时策马冲锋在最前面，形容率先、领先。

［**用例**］明澹圃主人《大唐秦王词话》第十六回："领着一支人马，开了桃林城。王伯当一马当先，拥奔阵前，各不通名交战！喧天征鼓响，震地战锣鸣。征人齐呐喊，拥出众魔君。"明施耐庵《水浒传》第九十六回："即便勒兵列阵，一马当先，驰下山来，犹如天崩地塌之势。"清吴趼人《二十年目睹之怪现状》第八十三回："叶军门一马当先，领了全军，排齐了队伍，浩浩荡荡，离开平壤。"

［**用法**］主谓式，作谓语、宾语、状语，含褒义。

［**异文**］匹马当先

元关汉卿《五侯宴》第三折："刀横宇宙三军丧，匹马当先战百合。"

一马平川

［**释义**］能够纵马疾驰的平地，形容地势平坦宽阔。

［**出处**］宋苏轼《东坡诗·游径山》："众峰来自天目山，势若骏马奔平川。"

［**用例**］清来保《平定金川方略·平定金川歌》："先是有一马平川及马到功成之谚，至经略大学士，驰驿赴营，果符吉兆。"冯德英《苦菜花》第十章："敌人围得甚紧，村外又是一马平川，敌人展开重火力，我们几次冲锋都被敌人压回来了。"

［**用法**］偏正式，作定语、宾语，含褒义。

一马一鞍

[释义] 比喻一夫一妻,白头偕老。

[出处] 元佚名《连环记》第二十六出:“此心今日惟有死,妾岂肯暂相离。一马一鞍,立志愿鸟同比翼,树效连枝。”

[用例] 明高明《琵琶记·五娘侍奉公病》:“公公,我一马一鞍,誓无他志!”清文康《儿女英雄传》第四十回:“人各有志,不可相强。便是妇人女子的志向,也有个不同:有的讲究个女貌郎才,不辞非鸦非凤的,就有讲究个穿衣吃饭,只图一马一鞍的。”

[用法] 联合式,作宾语、定语。

以毛相马

[释义] 根据毛色判断马的优劣。比喻从表面上看问题,其所得认识往往与实际不符。

[出处] 汉桓宽《盐铁论·利议》:“故以言举人,若以毛相马,此其所以多不称举。”

[用例] 明徐元太《喻林·君道门·求士》:“以言举人,若以毛相马。”

[用法] 偏正式,作宾语、定语。

倚马可待

[释义] 倚在即将出发的战马前起草文件,表示很快便可写完,比喻文章写得快。

[**出处**] 南朝宋刘义庆《世说新语·文学》:“桓宣武北征,袁虎时从,被责免官,会须露布文,唤袁倚马前令作,手不掇笔,俄得七纸,殊可观。”

[**用例**] 宋李纲《梁溪集·故秘书省秘书郎黄公墓志铭》:“公体弱,如不胜衣而风韵洒落,飘飘有凌云之意。遇人谦谨,恂恂如不能言,而高明宏达,善著书。挥毫数千言,倚马可待。”明冯梦龙《醒世恒言·卢太学诗酒傲公侯》:“八岁即能属文,十岁便娴诗律。下笔数千言,倚马可待,人都道他是李青莲再世,曹子建后身。”

[**用法**] 连动式,作谓语、定语。

[**异文**] (1)倚马千言

宋郭祥正《青山集·奉和广帅蒋颖叔留题石室》:“琮琤击玉敲黄金,倚马千言未尝改。高下岂必世俗知,浩气已充天壤内。”

(2)倚马七纸

清孔广森《骈俪文·张舍人埙热河集序》:“固尝倚马七纸,握蛇百篇。人诵穆如之风,世传蔚尔之文矣。”

(3)立马万言

宋王十朋《梅溪王忠文公集·上太守李端明书》:“唐翰林应长庚之梦,世号谪仙人,立马万言,而文章为天下之法。”

饮马投钱

[**释义**] 马饮水后,投钱入水中作为酬答。比喻为人廉洁,不损公肥私。

[**出处**] 汉应劭《风俗通议·衍礼》:“太原郝子廉,饥不得食,寒不得衣,一介不取诸人。曾过姊饭,留十五钱,默置席下去。每行饮水,常投一钱井中(《蒙求旧注》引作:常远行于路饮马,辄投钱于井中)。”

[**用例**] 隋柳顾言《奉和春日临渭水应令诗》:“饮马投钱岸,解钓剖璜津。风丝曳香饵,覆杯怀昔人。”清斌良《抱冲斋诗集·偶见》:“辘轳转处水粼粼,饮马投钱迹已陈。试向车前征往事,仲山去后更何人。”

[用法] 紧缩式,作宾语、定语。

饮马长江

[释义] 在长江边给战马喝水,指渡江南下,进行征伐。

[出处] 南北朝崔鸿《十六国春秋·南燕录一》:"但欲先定中原,扫除逋孽。然后宣布淳风,经理九服,饮马长江,悬旌陇坂。"

[用例]《南史·檀道济传》:"道济见收,愤怒气盛,目光如炬,俄尔间引饮一斛。乃脱帻投地,曰:'乃坏汝万里长城。'魏人闻之,皆曰:'道济已死,吴子辈不足复惮。'自是频岁南伐,有饮马长江之志。"明张四维《双烈记·虏骄》:"神兵到来谁敢阻,饮马长江浒。"

[用法] 动宾式,作定语。

跃马弯弓

[释义] 驰马盘旋,张弓要射,形容摆开架势,准备作战。后比喻故作惊人的姿态,实际上并不立即行动。

[出处]《魏书·尔朱荣列传》:"初荣之将讨葛荣也,军次襄垣。遂令军士列围大猎,有双兔起于马前。荣乃跃马弯弓,而誓之曰:'中之,则擒葛荣。不中则否。'"

[用例] 清侯方域《为司徒公赠万将军序》:"其来成者,又岂不能蓄数十辈建儿,跃马弯弓,以自为功名封殖计耶。"清董沛《六一山房诗集·燕部杂诗》:"跃马弯弓窄袖衣,花儿秦嬷想依稀。何人偏抱刘邕癖,爱看昆仑黑卫飞。"

[用法] 联合式,作谓语、宾语、定语,含贬义。

[异文] 盘马弯弓

唐韩愈《雉带箭》:“将军欲以巧伏人,盘马弯弓惜不发。”

跃马扬鞭

[**释义**] 跳上马背挥动鞭子,形容飞快奔驰前进。跃:跳。

[**用例**] 元高则诚《蔡伯喈琵琶记·义仓赈济》:“亲承顾命赈饥荒,跃马扬鞭到此方。”元王实甫《丽春堂》第一折:“一个个跃马扬鞭,插箭弯弓。”明洪楩《清平山堂话本》:“皇恩宣诏往宸京,跃马扬鞭莫暂停。一色杏花红十里,春风得意马蹄轻。”

[**用法**] 连动式,作谓语、状语。

云起龙骧

[**释义**] 如云涌升,如龙腾起。比喻英雄豪杰乘时而起。

[**出处**]《汉书·叙传下》:“信惟饿隶,布实黥徒,越亦狗盗,芮尹江湖,云起龙骧,化为侯王。”

[**用例**] 唐袁郊《甘泽谣·魏先生》:“所以务其燕犒,致逸待劳;修其屯田,观衅而动。遂使风生虎啸,不可抗其威;云起龙骧,不可攘其势。”明黄淳耀《陶庵全集·刎颈交》:“刎颈交,生年单贱称雄豪。千金购老百金少,两人心知各相笑。云起龙骧愚者惊,为陈为赵皆纵横。”

[**用法**] 联合式,作谓语。

[**异文**] 虎超龙骧

三国魏曹植《汉二祖优劣论》:“当此时也,九州鼎沸,四海渊涌。言帝者二三,称王者四五。鸱视狼顾,虎超龙骧。”

仗马寒蝉

［释义］像皇宫门外的立仗马和寒天的知了一样，比喻一句话也不敢说。仗马：皇宫仪仗中的立马；寒蝉，指寒天的蝉。

［出处］《新唐书·李林甫传》："君等独不见立仗马乎？终日无声而饫三品刍豆，一鸣则黜之矣。"

［用例］明敖文祯《薜荔山房藏稿·诏诰百官引谢病不能赴》："引裾折槛非今，仗马寒蝉愧夕郎。汉祖计安刘社稷，期期还笑逐周昌。"清金堡《岭海焚余·时政八失疏》："夫使言路可以调停，则天下复有何事可容分别？此固巧于立仗马寒蝉之榜样者。"

［用法］联合式，作宾语、定语，含贬义。

［异文］寒蝉仗马

清李宝嘉《官场现形记·序》："明达之士岂故为寒蝉仗马哉？摄之于心，故慎之于口耳。"

招兵买马

［释义］招募军士，购置战马。比喻组织或扩充军事力量，引申指招揽人员进行某种活动。

［出处］宋留正《皇宋中兴两朝圣政》卷一："为教阅招兵买马，分布要害。"

［用例］明汤显祖《牡丹亭》第十五出："限他三年内招兵买马，骚扰淮扬地方，相机而行，以开征进之路。"明罗贯中《三国演义》第二十八回："于是遂起军往汝南驻扎，招兵买马，徐图征进。"

［用法］联合式，作谓语、宾语，含贬义。

［异文］(1)买马招军

宋熊克《宋中兴纪事本末》卷二十:“又言马友据岳阳、犯长沙,买马招军。”

(2)招军买马

明梁辰鱼《浣纱记》第三十二出:“那越王积怨既深,日夜招军买马,积草聚粮,只要来报仇。”

枕戈汗马

［释义］枕着武器,疾驰战马。形容时时处于备战之中,以便杀敌立功。

［出处］明屠隆《昙花记·公子受封》:“念亲恩主德总来难报,须教枕戈汗马,努力塞云边草,儿时得功成大漠,鹤归华表。”

［用例］《明史·曾铣传》:“臣非不知兵凶战危,而枕戈汗马,切齿痛心有日矣。”清吴骞《拜经楼诗话续编》卷二:“二诗不知作者姓氏,当是昔一长年枕戈汗马之人,读之殊有小雅风人之感也。”

［用法］紧缩式,作谓语、定语,用于书面语。

指鹿为马

［释义］指着鹿,说是马,指包藏祸心,作威作福,有意颠倒黑白,混淆是非。

［出处］《史记·秦始皇本纪》:“八月己亥,赵高欲为乱,恐群臣不听,乃先设验,持鹿献于二世,曰:‘马也。’二世笑曰:‘丞相误邪?谓鹿为马。’问左右,左右或默,或言马以阿顺赵高。或言鹿者,高因阴中诸言鹿者以法。后群臣皆畏高。”在这段出处里,有这样一个故事。秦末,秦始皇嬴政病死的时候,宦官赵高想乘机图谋不轨,篡夺朝中大权。因此,他隐瞒始皇的死讯,并

且假传圣旨,命始皇的长子扶苏自杀,立次子胡亥为太子,然后宣布国丧。接着,赵高又扶立胡亥继承帝位,即秦二世,赵高自己当了丞相。这时,秦二世胡亥年纪还小,只不过是个幼稚的傀儡皇帝,丞相赵高才真正掌握着实权。

章邯降楚后,各路反秦诸侯加紧向西挺进,刘邦攻进武关,威逼咸阳,秦王朝危在旦夕。赵高这时想谋杀二世胡亥,准备以此降楚求荣,却恐臣子们未必全部信服他。于是,赵高献一头鹿给秦二世,他指着鹿说:"这是我献给陛下的一匹马!"秦二世笑道:"丞相跟我开玩笑吧?这明明是一头鹿,怎么说是一匹马!"赵高严肃地说:"谁敢同陛下开玩笑?这明明是一匹马。你要不信,请问问别人。"秦二世随即问左右臣子:这究竟是鹿还是马?赵高的亲信和讨好赵高的一部分臣子,都说是马;一部分臣子害怕赵高的威势,也说是马;另一些正直的臣子,有的不作声,有的实说是鹿。赵高暗暗记下了后面这些人的名字,后来借故把他们都杀害了。

[**用例**] 三国蜀诸葛亮《便宜十六策·察疑》:"故赵高指鹿为马,秦王不以为疑;范蠡贡越美女,吴王不以为惑。计疑无定事,事疑无成功。"《后汉书·窦宪传》:"深思前过,夺主田园时,何用愈赵高指鹿为马?久念使人惊怖。"

[**用法**] 兼语式,作谓语、宾语、定语,含贬义。

[**异文**] (1)指鹿作马

《三国志·魏志·鲍勋传》:"勋指鹿作马,收付廷尉。"

(2)以鹿为马

汉陆贾《新语·辨惑》:"秦二世之时,赵高驾鹿而从行,王曰:'丞相何为驾鹿?'高曰:'马也。'王曰:'丞相误邪,以鹿为马也。'高曰:'乃马也。陛下以臣之言为不然,愿问群臣。'于是乃问群臣,群臣半言马半言鹿。"

(3)权移马鹿

明冯梦龙《智囊补·察智·得情》:"口变淄素,权移马鹿,山鬼昼舞,愁魂夜哭,如得其情,片言折狱。"

(4)马鹿易形

《后汉书·文苑传上·崔琦》:“不能结纳贞良,以救祸败,反复欲钳塞士口,杜蔽主听,将欲使玄黄改色,马鹿易形乎?”

(5)马鹿异形

清洪亮吉《四史发伏·后汉书》:“《崔琦传》:‘将使元黄改色,马鹿异形乎?’”

竹马之好

[释义] 比喻幼年时的友谊。

[出处] 南朝宋刘义庆《世说新语·方正》:“礼毕,酒酣,帝曰:‘卿复忆竹马之好不?’靓曰:‘臣不能吞炭漆身,今日复睹圣颜。’因涕泗百行,帝于是惭悔而出。”

[用例] 明李贽《焚书·复周南士》:“如殷中军,以竹马之好欲与大司马抗衡,自附于王谢,是为不自忖度,则仆无是矣。”

[用法] 偏正式,作宾语,含褒义。

[异文] (1)竹马之友

唐黄滔《黄御史集·祭陈先辈》:“始自童年,至于壮岁。江乡为竹马之友,京辇作谷莺之会。”

(2)竹马之交

郭沫若《蔡文姬》第四幕第一场:“他和蔡文姬是竹马之交,他们是太亲密了。”

走马赴任

[**释义**] 旧指官吏到任,现比喻接手某项工作。走马:骑着马跑;任:职务。

[**出处**] 宋孙光宪《北梦琐言》卷四:"先以陈公走马赴任,乃树一魁妖,共翼佐之。"

[**用例**] 明冯梦龙《醒世恒言·独孤生归途闹梦》:"独孤遐叔累掌丝纶,王言无忝,访之舆望,佥谓通材,可加兵部侍郎,领西川节度使。仍着走马赴任,无得迟误。"清褚人获《隋唐演义》第八十三回:"遂降旨以安禄山为平卢范阳河东三镇节度使,赐爵东平郡王,克期走马赴任。"

[**用法**] 连动式,作谓语、宾语、定语。

[**异文**] (1)走马上任

明冯梦龙《喻世明言·陈从善梅岭失浑家》:"今我蒙圣恩,除做南雄巡检之职,就要走马上任。"

(2)走马到任

元费唐臣《苏子瞻风雪贬黄州》第四折:"马正卿为国重贤,扶持公道,有恩于苏轼。封京兆府尹,走马到任者。"

(3)走马之任

元马致远《青衫泪·楔子》:"目今主上图治心切,不尚浮藻,将某左迁江州司马,刻日走马之任。"

走马看花

[**释义**] 骑在奔跑的马上看花。1.形容得意、愉快的心情。走马:骑着马跑。

［**出处**］唐孟郊《登科后》："昔日龌龊不足夸，今朝放荡思无涯。春风得意马蹄疾，一日看尽长安花。"在这段出处里，有这样一个故事。据《旧唐书·孟郊传》记载，青年时代的孟郊主要在河南嵩山一带隐居。后两次应试未取，他怀着愤慨失意的心情，漫游湖北、湖南等地。后来，他第三次上京应考，才算考上了进士，那时年已近五十。《登科后》这首诗即反映了他在长年压抑、郁郁不得志的情况下，终于登科后喜悦的心情。诗的后两句，作者把自己当时骑着快马，在春风中得意地来往于京城各处，尽情游览的那种愉快的心情，描写得十分生动。

关于"走马看花"这句成语的出处，另有一说，源于民间传说。有个名叫贵良的小伙子，是个跛子，他想娶个美貌的妻子，托华汉为媒。有个叫叶青的姑娘，鼻子有些缺陷，她想嫁个英俊的丈夫，也托华汉为媒。华汉准备让他俩结成一对，分别介绍对方时，便只说对方的优点，不说缺点。到了约定见面的日子，华汉叫贵良打叶青门口骑马而过，叫叶青拿枝鲜花，遮着鼻子，靠门而立，装作看花。这样，双方见了，果然都很满意。结婚的那天，他俩才清楚地看见了对方的模样，想起当时一个走马、一个看花的情景，不禁好笑起来。人们把这件事作为趣闻，就这么流传下来了。

［**用例**］宋王庭珪《卢溪集·酬刘英臣载酒送花》："去年花下探春雨，鸣鞭走马看花开。今朝危坐空山里，不识春从何处来。"明于谦《喜雨行》："但愿风调雨顺民安业，我亦走马看花归帝京。"

［**释义**］2. 比喻匆忙和粗浅地了解事物。

［**用例**］毛泽东《我们党的一些历史经验》："调查有两种方法，一种是走马看花，一种是下马看花。走马看花不深入，因为有那么多的花么。"冰心《寄小读者》十八："走马看花，雾里看花，都是看不清的。"

［**用法**］连动式，作谓语、状语、宾语，含贬义。

［**异文**］走马观花

清文康《儿女英雄传》第二三回："列公听这部书，也不过逢场作戏，看这部书也不过走马观花。"

走马章台

[释义] 骑马经过章台,后指涉足于风月场所。章台:汉时长安街名,为歌楼酒馆所在地。

[出处]《汉书·张敞传》:“然敞无威仪,时罢朝会,过走马章台街,使御吏驱,自以便面拊马。”

[用例] 元马致远《青衫泪》第一折:“我不曾流水出天台,你怎么走马到章台。”元刘庭信《新水令·将一块望夫石雾锁云霾曲》:“想俺那多才,柳陌花街,莫不是谢馆秦楼,多应在走马章台。”

[用法] 偏正式,作谓语。

关于马的谚语

谚语在古代典籍里一般称为“谚”或“语”，明清以来的著作中，一般称为“俗语”“古语”“俗话”等。谚语有广义狭义之分，广义的谚语包括流传在人民群众口头中的俚谚俗语，本书的谚语是狭义的谚语，即人民群众创造的，语言简练，结构稳固，具有鲜明口语性，以传授知识为目的的短句或复句。

谚语的显著特征是内容上的知识性，知识既包括人民群众对实践经验的总结，也包括对客观事物的认识。知识性是区别谚语与其他俗语的关键。

本书的谚语，“马”字系联的是关于马的相关内容，包括马的品种、行为、外形、用途、品级、部位、传说、饲养方式、挑选、习性等等。如“远看大，是筋马；远看小，是肉马”中，“筋马”“肉马”指马的品种；“瘦马不渡渑水”中，“瘦马”指的是马的形态；“素车白马缪文雅”中，“白马”指的是马的毛色；“马屁拍在马腿上”“马背不如牛背便，功名那比孝名高”“虽鞭之长，不及马腹”中，“马屁”“马腿”“马背”“马腹”指的是马的具体部位；“人无横财不富，马无夜草不肥”“马不吊不肥，人不吊不招”指的是马的饲养方式；“乘船走马，去死一分”“逢桥须下马，遇夜莫行船”中，“走马”“下马”指的是马作为交通工具，指马的用途。

谚语是人民群众智慧的结晶，反映了他们对自然、人类、社会的思考，携带着丰富的文化信息。如“人中有吕布，马中有赤菟”指赤兔马是马中极品，吕布是人中俊才。该谚语把吕布与赤兔相类比，表达了人对马的赞美之情，折射出中华民族的审美情趣。“回车倒马，掷衣不下”讨论的是庄稼种的间距大还是间距小的问题，“羊马年，广种田”表达了农民对羊年、马年种田的美好愿景，都反映了古代的农业生产；“羸牛劣马寒食下”建议主人注意牛马的调养，反映出古代畜牧的经验。“云行东，车马通；云行西，马溅泥”揭示出古人观云识天气的经验，反映了古代的物候变化。“牛叩头，马抟坂”描绘出地形复杂难行的特点，“滟滪大如马，瞿塘不可下”写出了“滟滪堆”在雨季时水势滔天给人们带来的不便，两者都反映了古代的人文地理。“南船北马”客观描绘出古代中国南北方交通工具的差异，反映出古代交通的面貌。“逢桥须下马，遇夜莫行船”意在告诫人们出门应小心谨慎，“人有失手，马有漏蹄”告诫人们疏漏在所难免，要谨小慎微，反映出古代哲学反对形而上的思

维。“兵行得胜，马到成功”“兵马未动，粮草先行”反映了古代军事方面的谋略。

“拳头上立得人，胳膊上走得马”“快马一鞭，快人一言”鼓励人们做人清白、言而有信，反映了古代人民的价值观。“马逢伯乐方知价，人遇知己自吐心”是说好马遇到伯乐才能够真正知道自己的价格，人遇到知己才能真正说出心里话；“马为策己者驰，神为通己者明”指万事万物都会为善待自己的人服务。这两句形象地说明了交友要彼此相知、至诚至善。

本文共收录关于马的谚语 322 条，其中主条 142 条，异文 180 条。

白马甜榴，一实直牛

[释义] 白马寺的甜石榴，一个能值一头牛，言白马寺的甜石榴味美价高。白马：洛阳白马寺；实：果实。

[出处] 北魏杨衒之《洛阳伽蓝记》："浮图前，柰林、蒲萄，异于余处，枝叶繁衍，子实甚大。柰林实重七斤，蒲萄实伟于枣，味并殊美，冠于中京。帝至熟时，常诣取之。或复赐宫人，宫人得之，转饷亲戚，以为奇味。得者不敢辄食，乃历数家。京师语曰：'白马甜榴，一实直牛。'"

[用例] 唐段成式《酉阳杂俎》卷十六："白马甜榴，一实直牛。"《太平御览·葡萄》："得者不敢辄食，乃历数家。京师语曰：'白马甜榴，一实直牛。'"

[用法] 作宾语、主语，单独成句。

[异文] (1)白马甜榴，价值一牛

清郝懿行《宝训·果实》："京师语曰：'白马甜榴，价值一牛。'"

(2)白马甜榴，一石直牛

宋佚名《锦绣万花谷·石榴》："白马甜榴，宫人或转遗亲戚，以为奇异。得者不敢辄食，乃历数家，又有大者。京师语曰：'白马甜榴，一石直牛。'"

(3)白马甜榴，一枚抵牛

晋陆翙《邺中记》："白马之村，出好石榴，其大如斗，其甜如蜜，人有得者，不自食，交相馈送。人语曰：'白马甜榴，一枚抵牛。'"

(4)白马甜榴，一实值牛

清陈维崧《陈检讨四六·谢友人赉石榴启》："《洛阳伽蓝记》：'白马之村，出榴大如斗，甜如蜜。语曰："白马甜榴，一实值牛。"'"

白马向城啼，欲得城边草

［释义］形容百姓对于山贼唐宇作乱的痛恨。

［出处］《南齐书·五行》："永明初，百姓歌曰：'白马向城啼，欲得城边草。'后句闲云'陶郎来'。白者金色，马者兵事。三年，妖贼唐寓之起，言唐来劳也。"

［用例］清杜文澜《古谣谚·永明初百姓歌》："三年，妖贼唐寓之起。言唐来劳也。白马向城啼，欲得城边草。陶郎来。"《册府元龟·谣言》："武帝永明初百姓歌：'白马向城啼，欲得城边草。'后民间云：'陶郎来。'白者，金色。马者，兵事。三年，妖贼唐寓之起，言唐来劳也。"

［用法］作宾语、主语，单独成句。

白雁望南飞，马札望北跳

［释义］指元末乱世，多年大旱，民不聊生的景象。

［用例］《元史·金不从革》："至元五年八月，京师童谣云：'白雁望南飞，马札望北跳。'"清杜文澜《古谣谚·至元五年八月京师童谣》："京师童谣云：'白雁望南飞，马札望北跳。'"

［用法］作宾语、主语，单独成句。

兵行得胜，马到成功

［释义］预祝军队出征胜利的吉祥语。现比喻一开始就进展顺利，获得成功。

［用例］元郑德辉《老君堂》第二折："秦叔宝云：'我想唐家国坐咸阳人心拱服。这唐元帅上应天命，下合人心，兵行得胜，马到成功。被程咬金赶到老君堂，某见有异相，我想俺魏王所行之事闭塞。'"

［用法］作宾语、谓语、主语，单独成句。

［异文］(1)旗开得胜，马到成功

明郭勋《雍熙乐府 · 南吕宫》："人如猛兽，马似狻猊，旗开得胜，马到成功。"

(2)旗开得胜，马到功成

明黄元吉《流星马》第一折："道宗云：'夫人想老夫幼年间，常施英雄之心，苦战恶敌之意。我旗开得胜，马到功成。如今老夫苍颜皓首，鬓发班白，今日成何用也呵！'"

(3)旗开取胜，马到成功

明澹圃主人《大唐秦王词话》第三回："且说马三保、段志玄旗开取胜，马到成功，收军回营参见。秦王大喜，自古道：'黄金难买头一阵。'"

(4)马到功成日，旌旗得胜时

清李世忠《梨园集成 · 珠沙》："马到功成日，旌旗得胜时。"

兵马未动，粮草先行

［释义］指军队还没有出行，粮饷就要提前准备好，强调作战时后勤保障的重要性，后比喻办大事要提前做好充分的准备。也作"军马未发，粮草先行""军马未动，粮草先行"。

［用例］明陈建《皇明通纪集要 · 癸亥》："臣闻谚云：'兵马未动，粮草先行。'是从来军兴以饷为第一。"明沈国元《两朝从信录 · 十二月》："臣闻谚云：'兵马未动，粮草先行。'"

［用法］作宾语、主语，单独成句。

［异文］兵马未动，粮饷先运

清陈盛韶《问俗录·叛产》:“数年而一见兵马未动,粮饷先运。”

不行其野,不违其马

[**释义**] 虽不到野外跑路,也不要把马丢掉,比喻办事情要防患于未然。

[**出处**] 春秋战国管仲《管子·形势》:“不行其野,不违其马。”

[**用例**] 汉贾谊《新书·春秋》:“语曰:‘祸出者祸反,恶人者人亦恶之。’《管子》曰:‘不行其野,不违其马。’此违其马者也。”清杜文澜《古谣谚·管子讽桓公》:“不行其野,不违其马,言马以行野,虽不行野,亦不可不调习也。”

[**用法**] 作宾语、主语,单独成句。

茶瓶用瓦,如乘折脚骏登高

[**释义**] 用土瓦烧制的茶瓶就像骑着断了腿的骏马登高一样,很不适宜。

[**出处**] 唐苏廙《十六汤品·减价汤》:“减价汤,无油之瓦,渗水而有土气,虽御胯宸缄,且将败德销声。谚云:‘茶瓶用瓦,如乘折脚骏登高。’”这里“油”通“釉”,“无油之瓦”指用来烧水的没上釉的粗陶茶瓶。“胯”原指衣带上的饰品,“御胯”乃指皇室宫廷所用的高贵饰品。“宸”,北极星所在,借指帝王。“御胯宸缄”即指皇室宫廷封缄的装饰精美的御用茶。“减价汤”是说用有土气的无釉茶瓶烧出的水,即使用皇室的御用茶,也点不出好茶汤,就像骑着断腿的马登高一样。

[**用例**] 宋陶谷《清异录·茗荈》:“无油之瓦,渗水而有土气,虽御胯宸缄,且将败德销声。谚曰:‘茶瓶用瓦,如乘折脚骏登高。’好事者幸志之。”清杜文澜《古谣谚·苏廙引谚》:“无油之瓦,渗水而有土气,虽御胯宸缄,且将

败德销声。谚曰：‘茶瓶用瓦，如乘折脚骏登高。’好事者幸志之。”

［用法］作宾语、主语，单独成句。

车辚辚，马萧萧

［释义］车仗轰轰，战马嘶鸣，形容百姓被强征上战场的场面。

［出处］唐杜甫《兵车行》：“车辚辚，马萧萧，行人弓箭各在腰。爷娘妻子走相送，尘埃不见咸阳桥。”此谚语背景如下：唐玄宗李隆基天宝十年(751年)四月间，剑南节度使鲜于仲通以八万军征讨南诏，大败，士卒死亡六万。杨国忠为掩饰败迹，又以两京、河南北军攻打南诏，士卒死者八九，人皆不敢应募。杨国忠又遣御史捕人，连枷送军，父母妻子送行于道，哭声振野。

［用例］宋洪咨夔《平斋文集·谢贾制置特荐启》：“风霜不贷而枝叶凋，岁月已老而根干在。往来塞下，出入兵间，车辚辚，马萧萧。”宋魏庆之《诗人玉屑·用诗书语》：“子美多用经书语，如曰：‘车辚辚，马萧萧。’”

［用法］作定语、主语，单独成句。

车如鸡栖马如狗，疾恶如风朱伯厚

［释义］所乘之车就像鸡窝那么小，所骑之马就像狗一样瘦弱，痛恨恶事恶人就像是狂风扫过一样，说的就是朱震。形容朱震虽然家境清苦，但是疾恶如仇。朱伯厚：汉朝人，名朱震，字伯厚。车如鸡栖马如狗：车小马瘦，指穷苦贫困的人家。

［出处］《后汉书·陈王列传》：“震字伯厚，初为州从事，奏济阴太守单匡臧罪，并连匡兄中常侍车骑将军超。桓帝收匡下廷尉，以谴超，超诣狱谢。三府谚曰：‘车如鸡栖马如狗，疾恶如风朱伯厚。’”此条谚语描述的是朱震的故事。朱震，字伯厚，为人正直，在担任州从事时，上奏朝廷说济阴太守单匡

贪赃枉法,并牵连单匡的兄长中常侍车骑将军单超。汉桓帝收单匡下廷尉,以警告单超,单超亲自请求入狱以谢罪。人们评论说:"车如鸡栖马如狗,疾恶如风朱伯厚。"

[**用例**]《通典·总论州佐》:"昌坐槛车征,玄由是着名。又,朱震字伯厚,为州从事,奏济阴太守单匡赃罪。三府谚曰:'车如鸡栖马如狗,疾恶如风朱伯厚。'"宋王钦若《册府元龟·公正》:"桓帝收康下廷尉,以谴超,超诣狱谢。三府谚曰:'车如鸡栖马如狗,疾恶如风朱伯厚。'"

[**用法**]作宾语、主语,单独成句。

乘船走马,去死一分

[**释义**]乘船骑马容易发生危及生命的意外,意在告诫人们乘船骑马要十分小心谨慎,以免发生祸患。走马:平地上骑着马走。也作"乘船走马三分险""骑马行船三分险""走马行船三分险"。

[**出处**]五代孙光宪《北梦琐言·非意致祸》:"唐时杜彦林为朝官,一日,马惊蹶倒,踏镫既深,抽脚不出,为马拖行,一步一踏,以至于卒。古人云:'乘船走马,去死一分。'是知跨御常宜介意也。"此条谚语背后有这样一个故事:唐朝时期,官员杜彦林骑马外出,马受惊摔倒,杜彦林的脚踩到马镫里抽不出来,被马拖着行走,马每走一步都踏在他身上,他最终死于这场意外。

[**用例**]清翟灏《通俗编·境遇》:"乘船走马,去死一分……今少变云'乘船走马三分命'。"清彭定求《全唐诗·孙光宪〈琐言〉引古语》:"乘船走马,去死一分。好事不出门,恶事行千里。"

[**用法**]作宾语、主语,单独成句。

[**异文**](1)乘船走马三分命

清赵翼《陔余丛考》卷四十三:"好事不出门,恶事传千里……故云:'乘船走马三分命。'"

(2)行船走马三分命

清张南庄《何典》三:"行船走马三分命,古人说话原该听。"

大家马儿大家骑

[**释义**] 大家的马,大家骑。比喻公众的东西供公众使用。也作"大家马,大家骑""公众马,公众骑"。

[**用例**] 清李百川《绿野仙踪》第四十七回:"院里那些人都是跟随他的,将几间房子也住满了。如玉道:'这个何妨?大家马儿大家骑。你开着这个门儿,就只得像这样酬应。'"清翟灏《通俗编》卷三十八:"牛头不能对马嘴,狗口何曾出象牙?大家马儿大家骑,乡里狮子乡里跳。"

[**用法**] 作宾语、主语,单独成句。

刀枪归库,马放南山

[**释义**] 把刀枪等武器收进兵器库,战马放牧在南郊山下,指停止战争,天下太平,不再用兵,现多指被和平环境麻痹,不作戒备。

[**出处**]《尚书·武成》:"王来自商,至于丰,乃偃武修文,归马于华山之阳,放牛于桃林之野,示天下弗服。"此条谚语讲述的是周武王灭商的故事。周武王讨伐残忍荒淫的商纣王,两军在商都朝歌西南郊的牧野展开决战。纣王临时集结的军队纷纷起义,帮助武王军队打开通路,最终朝歌被攻破,纣王自焚。战争胜利后,武王以礼治国,百姓安居乐业。周武王也因此高枕无忧,把各种兵器统统收缴入库,在华山脚下放马晒太阳,在果木林里放牛唱牧歌。

[**用例**] 清李世忠《梨园集成·大香山》:"我主登基,刀枪归库,马放南山。"

[用法] 作宾语、主语,单独成句。

[异文] (1)马放南山,刀枪入库

清钱彩《说岳全传》卷一:"其时天下太平已久,真个是'马放南山,刀枪入库,五谷丰登,万民乐业'。"

(2)枪入库,马放南山

清李世忠《梨园集成·碧尘珠》第六回:"枪入库,马放南山。国有道,众黎民乐享安康。"

(3)刀枪入库马停蹄

清李世忠《梨园集成·药王传》:"文武百官正朝依,万里江山归吾手,刀枪入库马停蹄。"

得人一牛,还人一马

[释义] 古时,马的价值远远胜过牛。别人给你一头牛,你还一匹马。比喻人要懂得感恩。

[出处] 宋普济《五灯会元·长芦信禅师法嗣》:"山僧只是得人一牛,还人一马。泼水相唾,插嘴厮骂。"

[用例] 元黄溍《金华黄先生文集·灵隐悦堂禅师塔铭》:"师云:'得人一牛,还人一马。'"清金堡《遍行堂续集·观世音菩萨赞》:"又傍见侧出,明暗打正,菩萨东方来也。得人一牛,还人一马。"

[用法] 作宾语、主语,单独成句。

东行西走,丧其犬马

[释义] 形容东奔西走,生活不得安宁。

[用例] 明陈第《毛诗古音考》卷一:"东行西走,丧其犬马。"清顾炎武

《音学五书》卷十:“东行西走,丧其犬马。南求骅骝,失驹林下。”

[**用法**] 作宾语、主语,单独成句。

[**异文**] 东行西坐,丧其犬马

宋吴棫《韵补》:“《易林》:‘东行西坐,丧其犬马。南求骅骝,失车林下。“马”音“姥”。’”

睹馲驼,言马肿背

[**释义**] 见识短浅的人看到骆驼,竟说是马背肿了。比喻对未见过的事物妄加揣测,讥讽见识短浅、自作聪明的人。馲驼:骆驼。也作“见驼指马肿背”。

[**出处**] 南北朝僧祐《弘明集 · 理惑论》:“谚云:‘少所见多所怪,睹馲驼,言马肿背。’尧眉八彩,舜目重瞳子,皋陶马喙,文王四乳,禹耳三漏,周公背偻,伏羲龙鼻,仲尼反顒,老子日角月玄,鼻有双柱。”

[**用例**] 明梅鼎祚《释文纪 · 理惑论》:“谚云:‘少所见多所怪,睹馲驼,言马肿背。’尧眉八彩,舜目重瞳子。”清杜文澜《古谣谚 · 牟融引谚》:“老子日角月玄,鼻有双柱,手把十文,足蹈二五,此非异于人乎。少所见多所怪,睹馲驼,言马肿背。”

[**用法**] 作宾语、谓语、主语,单独成句。

[**异文**] (1)见橐驼,曰马肿背

清刘嗣绾《尚絅堂集 · 观洗象作》:“南人作诗请勿怪,见橐驼,曰马肿背。”

(2)见橐驼,谓马肿背

清纳兰性德《通志堂集 · 题董文敏秋林书屋图》:“此卷红树绿莎,朱阑石砌,颇极雅丽,是文敏少年得意之笔。以为赝者,乃‘见橐驼,谓马肿背’也,识者辨之。”

(3)见橐驼,知马肿背

清钱谦益《牧斋有学集·琅环类纂序》:“语有之:‘多所见少所怪,见橐驼,知马肿背。’”

(4)见橐驼,为马肿背

清叶昌炽《缘督庐日记钞·六月》:“月仲告余云:‘某照相馆被焚搜出广东鲜荔支传观,以为挖人眼珠,莫不眦裂发指,而不知其甘美可食也。’见橐驼,为马肿背。今日之乱市,虎讹言十有八九。”

对马牛而诵经

[**释义**] 对着马、牛诵读经书。比喻说话不看对象,对不明事理的人讲道理。

[**出处**] 宋周密《齐东野语·姚乾父杂文》:“俗所谓:‘对马牛而诵经’是已。虽然群生之类,皆含佛性,皆具天机,百舌能语,白鹭能棋。”

[**用例**] 清杜文澜《古谣谚·姚熔引俗语》:“害稼之蝗知卓茂,害人之鳄识昌黎。若此之类,言可喻理,可化安,可例以马牛而待之。对马牛而诵经。”清俞樾《茶香室丛钞·对马牛诵经》:“文云:‘物之不灵,告以话言而弗听。’俗所谓对马牛而诵经是已。”

[**用法**] 作宾语、谓语、主语,单独成句。

[**异文**] 对牛马而诵经

清潘永因《宋稗类钞·文苑》:“仅以晚科主天台黄岩学,期年而殂,杂著数篇,议论皆有思致。其喻白蚁,文云:‘物之不灵,告而弗听。’俗所谓:‘对牛马而诵经’是已。”

儿孙自有儿孙福，莫与儿孙作马牛

［释义］子孙自有他们的福分，长辈不必操劳担忧。

［用例］元彭致中《鸣鹤余音·集贤宾》："假若金银过北斗，置下万顷良田，盖起百尺高楼。儿孙自有儿孙福，莫与儿孙作马牛。"明智旭《净土十要·净土或问》："若是不肖之子，父母方死，骨头未冷，作打财产，出卖田园，恣意作乐。以此较之，着甚么急。儿孙自有儿孙福，莫与儿孙作马牛。"

［用法］作宾语、主语，单独成句。

［异文］儿孙自有儿孙福，莫为儿孙作马牛

明戚继光《练兵实纪》："谚曰：'儿孙自有儿孙福，莫为儿孙作马牛。'又云：'天不生无禄之人。'"

房上好走马，只怕屣破瓦；东瓜做碓嘴，只怕捣出水

［释义］房上若是跑马，就怕踏碎瓦；冬瓜做杵嘴，就怕捣出水。比喻所用计谋低劣，定会以失败告终。屣：践踏；东瓜：冬瓜；碓：旧时碾稻成米的碓杵。

［用例］明杨慎《丹铅总录·封建》："唐太宗议封建，李百药以为不可，魏征以为事虽至善，时即未遑，而有五不可之说，其度之审矣。颜师古则欲封建与郡县并行，王侯与守令偕处。不近乎古之中立两可，今之阿意二说乎！谚云：'房上好走马，只怕屣破瓦；东瓜做碓嘴，只怕捣出水。'其师古之类也。"此条谚语与唐朝年间的一个故事有关。贞观二年（628 年），唐太宗将"复封建"这个问题交与大臣讨论，吏部侍郎李百药和谏议大夫魏征都谏言，认为不可。代表贵族利益的颜师古则认为郡县与封建应当并存。这无疑是一种倒退。

［用法］作宾语、主语，单独成句。

逢桥须下马，遇夜莫行船

［释义］过桥时要下马行走，遇到夜晚就不要继续划船过河。指出门在外要处处小心，注意安全。逢：遇到；莫：不。也作“临桥须下马，过渡莫争船”。

［出处］宋胡仔《苕溪渔隐丛话前集・宋朝杂纪上》：“国初有名人作座右铭云：‘避色如避仇，避风如避箭；莫吃空心茶，少餐中夜饭。’有驿舍壁间题诗云：‘逢桥须下马，遇夜莫行船。’”

［用例］明佚名《永乐大典戏文三种・张协状元》：“双亲嘱付，细想是良言，教‘逢桥须下马，遇夜莫行船’。”清翟灏《通俗编・地理》：“但述其一联又小不同，云：‘逢桥须下马，遇夜莫行船。’”

［用法］作宾语、主语，单独成句。

［异文］(1)逢桥须下马，过渡莫争船

清厉鹗《宋诗纪事・题驿壁》：“记得离家日，尊亲嘱付言：‘逢桥须下马，过渡莫争船。雨宿宜防夜，鸡鸣更相天。若能依此语，行路免迍邅。’”

(2)逢桥须下马，过渡莫争先

明毛晋《六十种曲・荆钗记上》：“你未晚先投宿，鸡鸣起看天。逢桥须下马，过渡莫争先。古来冤枉事，皆在路途间。”

(3)逢桥须下马，有渡莫争先

明佚名《永乐大典戏文三种・张协状元》：“再三叮嘱孩儿道：‘未晚先投宿，鸡鸣始过开。逢桥须下马，有渡莫争先。’孩儿领爹娘慈旨，目即离去，唱《浪淘沙》。”

(4)逢桥须下马，有路莫行船

清钱大昕《恒言录》卷六：“‘逢桥须下马，有路莫行船’，《鉴案赵德麟侯鲭录》作‘过渡莫争船’，又《高斋诗话》作‘遇夜莫行船’。”

胳膊上好推车，脊梁上好走马

［释义］形容人本领高超。

［用例］明罗懋登《西洋记》卷八："王神姑说道：'你有宝剑，我岂没有双刀？终不然你是个胳膊上好推车，脊梁上好走马，什么好汉。'"

［用法］作宾语、主语，单独成句。

官塘漏，官马瘦

［释义］公家的池塘因为无人维护而蓄不了水，公家的马因为喂养不好而变得很瘦。形容公家的东西毁坏得快，讽刺旧时社会公共利益无人关心的现象。

［用例］清方濬颐《二知轩文存·卮言》："谚云：'官塘漏，官马瘦。'问：'有不漏不瘦者乎？'曰：'无有也。'"

［用法］作宾语、主语，单独成句。

［异文］(1)官屋漏，官马瘦

清唐甄《潜书·柅政》："谚曰：'官屋漏，官马瘦。'推而广之，田园庐舍一官屋也。"

(2)官房漏，官马瘦

克非《春潮急》三十："有道是，官房漏，官马瘦，官众堂屋鸡屎臭……你把几十户人拉在一起，'人多心不齐，鹅卵石挤掉皮'，岂有兴旺之理？"

官小不做，马瘦不骑

［释义］官太小则不做，马太瘦弱则不骑，指旧时有权势的人对低微的官职不屑一顾。

［用例］元关汉卿《包待制智斩鲁斋郎》："小官嫌官小不做，嫌马瘦不骑，但行处引的是花腿闲汉、弹弓粘竿、贼儿小鹞，每日价飞鹰走犬，街市闲行，但见人家好的玩画，怎么他倒有，我倒无？"元郑廷玉《金凤钗》第三折："小官姓杨名戬，字茂卿，官封衙内之职。我是累代簪缨之子，我嫌官小不做，嫌马瘦不骑。"

［用法］作宾语、主语，单独成句。

惯骑马的惯跌跤，河里淹死会水的

［释义］熟悉某一事情，擅长某种技艺，却容易在这方面招致失败。

［用例］清石玉昆《侠义传》第八十八回："俗语说得好：'惯骑马的惯跌跤，河里淹死会水的。'焉知他不是艺高人胆大。阳沟里会翻船，也是有的。"

［用法］作宾语、主语，单独成句。

过了闰月年，走马就种田

［释义］过了农历闰月年以后，第二年就会开春早，种地早。

［用例］清祁雋藻《马首农言·农谚》："过了闰月年，走马就种田。有懒人，无懒地。"

［用法］作宾语、主语，单独成句。

呼牛应牛，马应马

［释义］比喻说法不一定合乎实际；也比喻别人骂也好，赞也好，不与其计较。

［出处］元贡师泰《玩斋集 · 子虚道人歌》："呼牛应牛，马应马，谓：'仙非仙，儒非儒，不骑任公之碧驴，不跨东海之生驹，不学汝南市上悬一壶。'"

［用法］作谓语、宾语、主语，单独成句。

［异文］（1）呼马应马，呼牛应牛

明郝敬《周易正解》卷六："老氏谓：'呼马应马，呼牛应牛，谦象也。山高而牛马得牧。'"

（2）呼马应马，牛应牛

清黄遵宪《人境庐诗草》卷三："谓僧为官非秃鹫，谓官为僧非沐猴，为官为僧无不可，呼马应马，牛应牛。"

（3）呼牛应牛，呼马应马

明陆西星《南华真经副墨 · 淡字集》："老圣言：'巧知圣神之人，当机敏给，应答如流，吾自以为弗及焉。脱之言，失也，即不及之意。故呼牛应牛，呼马应马，所以不与人忤者，盖以吾必有其实而后人与之名，不受而再与之争，则殃之者至矣。'"

回车倒马，掷衣不下

［释义］庄稼种的无论是稀疏得可以回转车、转过马，还是稠密得连一件衣服都放不下，最终都是收获同样多的粮食。也有一说：庄稼稀得可以回过车、转过马的田地，收成高于稠得连件衣服都放不下的，指种谷宜稀疏戒稠密，可获丰收。相较而言，第一种说法较合理。掷：扔。

［出处］北魏贾思勰《齐民要术·种谷》："良田，率一尺，留一科。刘章《耕田歌》曰：'深耕穊种，立苗欲疏；非其类者，锄而去之。'谚云：'回车倒马，掷衣不下，皆十石而收。'言大稀大概之收，皆均平也。"该句谚语反映的是农耕文化下，对庄稼种植稠密度的思考。有学者认为是区田法种植方式的反映。区田法是一种精耕细作、高度集约的生产方式，对田亩的长宽和面积、株间距等都有细致规定。根据所种农作物的不同，每亩的植株总数、株间距等都有变化。该句农谚可以阐释为："在区田法耕作方式下，种植或稀或密，都可以获得较高的亩产量。""回车倒马，掷衣不下"这一夸张说法，是为了突出区田法在提高产量方面的特殊功效，即不论是种得稀还是密，区田法都是可以获得高产的有效耕作方法，反映了高产是人们对区田法的一般认识与评价。

［用例］明董斯张《吹景集》卷十一："又曰：'回车倒马，掷衣不下。'又曰：'以时及泽为上策。'"明徐光启《农政全书·树艺》："大锄者，草根繁茂，用功多而收益少，良田率一尺留一科。刘章《耕田歌》曰：'深耕穊种，立苗欲疏，非其类者，锄而去之。'谚曰：'回车倒马，掷衣不下，皆十石而收。'"

［用法］作宾语、主语，单独成句。

鸡夜鸣者，不利行师；犬群嗥者，宫室必空；兵动马惊，军败不归

［释义］鸡在晚上鸣叫不利于出师；狗群嚎叫宫室肯定是空的；士兵行动，马匹受惊，就会战败无法返回。

［用例］南北朝崔鸿《十六国春秋·坚夫人张氏》："'又闻王者出师，必上观天道，下顺人心。今人心既不然矣，请验之天道。'谚云：'鸡夜鸣者，不利行师；犬群嗥者，宫室必空；兵动马惊，军败不归。'自秋冬以来，众鸡夜鸣，群犬哀嗥，厩马惊逸，武库兵器自动有声。"《晋书·苻坚妾张氏》："谚言：'鸡夜鸣者，不利行师；犬群嗥者，宫室必空；兵动马惊，军败不归。'秋冬已来，每夜群犬大嗥，众鸡夜鸣，伏闻厩马惊逸，武库兵器有声，吉凶之理，诚非

微妾所论，愿陛下详而思之。坚曰：‘军旅之事非妇人所豫也。’”此条谚语与东晋时期的一个故事有关。公元383年，即东晋十六国时期，苻坚杀掉苻生，自立为大秦天王。苻坚统一北方之后决定讨伐东晋，于淝水（现今安徽省寿县的东南方）交战，最终东晋仅以八万军力大胜八十余万前秦军。淝水之战之前，众大臣纷纷劝谏，认为东晋暂不可讨伐，但是苻坚执意不听。苻坚的小妾张氏引谚语进行劝谏，以古谚的不祥之兆劝之，苻坚仍固执己见，最终战败。

［**用法**］作宾语、主语，单独成句。

见鞍思骏马，视物想情人

［**释义**］看到马鞍就想到自己的马，见到物件就思念起使用过这件东西的人来，指看到物品而引发对离别之人的思念。

［**用例**］元佚名《黄花峪》：“便好道：见鞍思骏马，视物想情人。这梳儿是我与刘庆甫的，可怎生到这货郎手里来？我试问他者。”

［**用法**］作宾语、谓语、主语，单独成句。

［**异文**］（1）见鞍思马，睹物伤情

明毛晋《六十种曲 · 荆钗记下》：“见鞍思马，睹物伤情。触起关心事，怎不泪零。”

（2）见鞍思马，睹物思人

明洪楩《清平山堂话本 · 雨窗集上》：“小姐讨这颗宝石仔细看了半晌，见鞍思马，睹物思人。只因这颗宝石，惹动闺人情意。”

健儿须快马，快马须健儿

［释义］健儿和快马相得益彰，更能发挥各自的优势。健儿：动作敏捷、身体强健的人。

［用例］北朝佚名《古乐府·折杨柳歌辞》："我是虏家儿，不解汉儿歌。健儿须快马，快马须健儿。跸跋黄尘下，然后别雄雌。"元戴侗《六书故》卷十六："古诗曰：'健儿须快马，快马须健儿，跸跋红尘下。''跸跋'，矫健貌也。"

［用法］作宾语、主语，单独成句。

九方皋相马

［释义］比喻小事不必苛求，只要看到实质，有时也不妨忽略其外表。

［出处］《列子·说符篇》："秦穆公谓伯乐曰：'子之年长矣，子姓有可使求马者乎？'伯乐对曰：'良马可形容筋骨相也。天下之马者，若灭若没，若亡若失。若此者绝尘弭辙。臣之子皆下才也，可告以良马，不可告以天下之马也。臣有所与共担纆薪菜者，有九方皋，此其于马非臣之下也。请见之。'"此谚语讲述的故事如下：春秋时，秦国的秦穆公要善于相马的伯乐派人为他寻找千里马。伯乐推荐九方皋，秦穆公接见了九方皋，派他去寻找最好的千里马。三个月后，九方皋回来报告说：已经找到了，但是牵回来的马和九方皋说的颜色和公母对不上。穆公批评伯乐，伯乐却赞叹九方皋相马的本领高深，说他抓住了本质，不妨忽略表象，审查了内容，不妨忽略其外形。他只去看他要看的，不去看他不必要看的；只观察他应观察的，丢开他不必要观察的。像九方皋这样观察事物的方法，有比相马更加重要的意义啊。后来，马牵来了，经过试用，果然是上好的千里马。

［用例］宋张扩《东窗集·短句调子温侄》："阿丞善谈诗眼，如'九方皋

相马’。”明胡应麟《诗薮·周汉》:“如游龙惊电,掎角稍迟便欲飞去。须身诣其境,知之。‘九方皋相马’一节,南华本不为诗家说。”

[用法] 作主语、定语、宾语,单独成句。

君子一言,快马一鞭

[释义] 指大丈夫守诚信之人,一言既出,就像是被鞭策的马一样,一去不回。

[出处] 明兰陵笑笑生《金瓶梅》卷十一:“苗员外自想道:君子一言,快马一鞭。我既许了他,怎么失信。”

[用例] 清李雨堂《万花楼演义》卷六:“飞山虎曰:君子一言,快马一鞭,那有回去失言爽约不来之理。况弟兄之间,何用多疑?”

[用法] 作宾语、谓语、主语,单独成句。

快马一鞭,快人一言

[释义] 比喻人说话爽快,说到做到,言而有信。也有一说:快马只要抽一鞭就能跑到底,豪爽之人一句话就能把事说清楚。

[用例] 宋道原《景德传灯录·怀让禅师第二世马祖法嗣》:“道明禅师上堂云:‘快马一鞭,快人一言。有事何不出头来,无事各自珍重。’便下堂。”宋普济《五灯会元·南岳下二世》:“道明禅师上堂:‘快马一鞭,快人一言。”清翟灏《通俗编·兽畜》:“《淮南子·人间训》:‘快马一鞭,快人一言。’”

[用法] 作宾语、谓语、主语,单独成句。

[异文] 快人一言,快马一鞭

宋普济《五灯会元·青原下十一世》:“何曾见一人上堂:‘快人一言,快马一鞭。若更眼睛定动,未免纸裹麻缠。脚下是地,头上是天。’”

郎枢女枢，十马九驹

［释义］郎枢、女枢这两个地方，十匹马里就有九匹马驹，意在说明这两个地方适宜发展畜牧业。郎枢、女枢：古地名，陇西境内，均在今甘肃省西部。

［出处］宋乐史《太平寰宇记·渭州》："土产：青虫，鹦鹉，龙须席，麝香。彼谚有曰：'郎枢女枢，十马九驹。安阳大角，十牛九犊。'即谓其地宜于畜牧也。"

［用例］清许容修《甘肃通志·陇西县》："又古谚云：'郎枢女枢，十马九驹。安阳大角，十牛九犊。'谓其地宜于畜牧也。"清杜文澜《古谣谚·渭州土产谚》："郎枢女枢，十马九驹。安阳大角，十牛九犊。"

［用法］作宾语、主语，单独成句。

［异文］郎驱女驱，十马九驹

清曹寅《全唐诗·陇西谚》："郎驱女驱，十马九驹。安阳大角，十牛九犊。谓其地宜于畜牧也。"

羸牛劣马寒食下

［释义］在寒食节出生的是瘦弱的牛马，到了春天因缺食难逃一死，指瘦弱的牛马急需喂饱调养。羸：瘦弱。寒食：寒食节，在清明前一天，古人从这一天开始生火做饭。

［出处］南北朝贾思勰《齐民要术·养牛马驴骡》："谚曰：'羸牛劣马寒食下'，言其乏食瘦瘠，春中必死，务在充饱调适而已。"

［用例］明郭子章《六语·四民月令引农谚》："羸牛劣马寒食下，贷我东蔷偿我白粱。"清鄂尔泰《授时通考·畜牧一》："谚曰：'羸牛劣马寒食下'，

言其乏食瘦瘠，春中必死，务在充饱调适而已。”

［用法］作宾语、主语，单独成句。

良马比君子

［释义］好马可以和君子媲美，指好马通达人间情理。也作“养马比君子”。

［出处］宋文天祥《文山集·所怀》：“世途嗟孔棘，行役苦期频。良马比君子，清风来故人。”

［用例］明刘玉《执斋先生文集·礼马》：“异哉，柔之胜刚，弱之胜强，礼而已矣。人或不能，而异类能之，传曰‘良马比君子’，信哉。”明汤显祖《紫箫记》上：“四娘，良马比君子，就是你对过这马了。”

［用法］作宾语、主语，单独成句。

良马不窥鞭，侧耳知人意

［释义］好马不用察看主人鞭子，侧着耳朵便能领会主人的心意。比喻才智高的人善于体会领导者的意图，办事不须督促。窥：暗自察看。

［出处］宋普济《五灯会元》卷十一：“师曰：‘头枕衡山，脚踏北岳。’问：‘如何是佛法大意？’师曰：‘良马不窥鞭，侧耳知人意。’”

［用法］作宾语、主语，单独成句。

良马见鞭影而行

［释义］好马看到鞭子的影子就知道要前行，比喻有才干的聪明人做事不用督促。

［出处］宋道原《景德传灯录》卷二十七："外道已去，阿难问佛云：'外道以何所证，而言得入？'佛云：'如世间良马见鞭影而行。'"

［用例］明袾宏《竹窗随笔·竹窗二笔》："良马见鞭影而行，必俟锥入于肤者，驽胎也。何嗟及矣。"明瞿汝《指月录·七佛》："阿难白佛：'外道得何道理？称赞而去。'世尊曰：'如世良马见鞭影而行。'"

［用法］作宾语、主语，单独成句。

粮逐水，田逐马

［释义］种庄稼要选择水源充足之地，养马要寻求马匹充足之地。

［用例］清杜文澜《古谣谚·溧阳马政谣》："溧阳，国初，惟人丁多者养马……知县姜博始议民粮，每石出银二分六厘，减丁之数而裒足之。近因边方多事，兵马急紧。至一岁而预征二年之入，又加之大工进银，咸取给于备用。则马一匹增其三分之一矣。粮逐水，田逐马。"

［用法］作宾语、主语，单独成句。

［异文］粮逐水，田丁逐马

清顾炎武《天下郡国利病书》："或数人为一丁，或数户为一丁，非人各为丁也。国惟人丁多者养马，故有粮逐水，田丁逐马之谣。"

临上轿,马撒尿

［释义］比喻在关键时刻发生了意外情况。

［用例］清张南庄《何典》卷一:“只是明日就要起身,今日须当预先端正,省得‘临时上轿马撒尿’,手忙脚乱的。”

［用法］作宾语、谓语、主语,单独成句。

临崖勒马收缰晚,船到江心补漏迟

［释义］到了悬崖才想到拉缰停马,到了江心才想起给船补漏洞,都已经太晚了。比喻事情出现危机才想法补救,已经来不及了。临:到;勒:收住缰绳不让骡马等前进。也作“马到悬崖勒缰晚,船到江心补漏迟”。

［用例］明胡文焕《群音类选·牧羊记》:“与你结为兄弟,还你荣华富贵。自思维莫待临崖勒马收缰晚,船到江心补漏迟。”明郑之珍《目连救母劝善戏文·李公劝善》:“试思之,只怕临崖勒马收缰晚,船到江心补漏迟。”明郑之珍《目连救母劝善戏文·二殿寻母》:“地狱重重解无宁日。(夫)老身追悔了。(外)枉追思:临崖勒马收缰晚,船到江心补漏迟。”

［用法］作宾语、主语,单独成句。

［异文］(1)临崖立马收缰晚,船到江心补漏迟

明冯梦龙《醒世恒言·张孝基陈留认舅》:“过迁渐渐自怨自艾,懊悔不迭。正是:临崖立马收缰晚,船到江心补漏迟。”

(2)临崖失马收缰晚,船到江心补漏迟

明徐复祚《六投梭记》上:“我如今到丞相大爷处打个关节,到大将军跟前撺掇一句,寻个计较,一罟儿杀他娘罢了,只教你临崖失马收缰晚,船到江心补漏迟。”

虏马饮江水，佛狸死卯年

[释义] 只要北魏兵马一到长江，那就是拓跋焘的死期，后用来诅咒敌人死败。虏马：特指北魏兵马；佛狸：魏太武帝拓跋焘的小名。

[出处]《宋书·臧质》："王玄谟退于东，梁坦散于西，尔谓何以不闻童谣言邪：'虏马饮江水，佛狸死卯年。'"此谚语背景如下：元嘉末年，臧质防守盱眙，抵御魏兵。臧质在给魏太武帝拓跋焘的答书中，用当时的南方童谣，对拓跋氏未来之命运加以诅咒。意思是说：只要北魏兵马一到长江，那就是拓跋焘死亡之日。

[用例]《册府元龟·固守》："尔谓何以不闻童谣言邪：'虏马饮江水，佛狸死卯年。'"清洪亮吉《洪亮吉集·佛狸谶》："魏太武南下，童谣云：'虏马饮江水，佛狸死卯年。'佛狸，太武小字。"

[用法] 作宾语、主语，单独成句。

[异文] 虏马饮江水，卯年佛狸死

唐许嵩《建康实录》卷十四："太祖即位，魏拓跋焘与质书，质答书曰：'尔不闻童谣云耶：虏马饮江水，卯年佛狸死。'"

路遥知马力，岁久见人心

[释义] 路途遥远，才可以知道马力气的大小；相处的时间久了，才能识别人心的善恶。

[用例] 宋赜藏《古尊宿语录·后住云峰语录》："师云：'还会么？路遥知马力，岁久见人心。'以拂子击禅床，下座。"宋赜藏《古尊宿语录·拈古》："师拈云：'路遥知马力，岁久见人心。'"

[用法] 作宾语、主语，单独成句。

［异文］(1)路遥知马力,日久见人心

明抱瓮老人《今古奇观·徐老仆义愤成家》:“那时去笑他。正是云端看杀戮,毕竟孰输赢。路遥知马力,日久见人心。”

(2)路遥知马力,事久见人心

清梁章钜《巧对录》卷八:“国难显忠臣,家贫出孝子。路遥知马力,事久见人心。”

(3)路遥知马力,日久见功夫

朱小明《棋坛旋风聂卫平》二五:“路遥知马力,日久见功夫。在紧张的训练对垒之中,聂卫平的思想、意志经受了锻炼和考验,棋艺又达到了新的水平。”

(4)路遥知马力,烈火识真金

浩然《金光大道》二六章:“他过去并没有像邓三奶奶那样器重高大泉。因为他从不随便肯定一个人,如同他从不随便否定一个人一样,是他坚守不移的规则。他一向认为:‘路遥知马力,烈火识真金。’”

驴的朝东,马的朝西

［释义］比喻各走各的路。

［用例］清石玉昆《侠义传》卷八:“我的儿子既死了,我那儿妇是断不能守的,莫若叫他回娘家去吧。这才应了俗语儿了:‘驴的朝东,马的朝西。’”

［用法］作宾语、主语,单独成句。

［异文］马头儿向东,驴头儿向西

清王浚卿《冷眼观》二九:“虽然是一个马头儿向东,一个驴头儿向西,然而一天不出姓咸的家里门,总一天不能不算他是咸六太太。”

驴非驴,马非马

[释义] 既不像驴,也不像马,原指骡。形容不伦不类,什么也不像。

[出处]《汉书·西域传》:"外国胡人皆曰:'驴非驴,马非马。'若龟兹王所谓骡也。"此谚语背后的故事如下:龟兹国王绛宾非常欣赏汉朝的风俗文化,就尝试把汉朝文化在自己的国内推而行之。一些传统观念根深蒂固的当地人,就说他搞这一套不伦不类。

[用例] 明汤显祖《邯郸记》二:"往三家店儿,乘坐马非马,驴非驴,略搭脚青驹似狗。"明陈耀文《天中记》卷五十五:"外国之人皆曰:'驴非驴,马非马。'若龟兹王所谓骡也。"

[用法] 作谓语、状语、宾语、主语,单独成句。

驴事未去,马事到来

[释义] 比喻一桩麻烦事还没结束,又来一件。

[出处] 南唐释静、南唐释筠《祖堂集》卷第十九:"长庆初参见,问:'如何是佛法大意?'师云:'驴使未了,马使到来。'"

[用例]宋普济《五灯会元》卷七:"后参灵云,问:'如何是佛法大意?'云曰:'驴事未去,马事到来。'师如是往来雪峰、玄沙二十年。"明瞿汝《指月录·六祖下第六世》:"师曰:'青天白日,却被鬼迷。'僧作掀禅床势,师便打。曰:'驴事未去,马事到来。'"

[用法] 作宾语、主语,单独成句。

[异文] (1)驴事未去,马事又来

《佩文韵府·摘句》:"曰:'驴事未去,马事又来。师往来雪沙二十年间,坐破七个蒲团。'"

(2)驴事未来,马事到来

清李调元《全五代诗 · 慧棱》:"云曰:'驴事未来,马事到来。'棱于是往雪峰、玄沙,二十年间坐破七蒲团,不明此事。"

(3)骡事方去,马事又来

明文德翼《求是堂文集 · 天花寺盂兰序》:"僧觉公笑曰:'正月枭新茶矣,度厌如追魄,牒闻又将下。骡事方去,马事又来。'"

马背不如牛背便,功名那比孝名高

[**释义**] 牛性情温顺,马性情猛烈,骑在牛背上要比骑在马背上稳当。古时做官的骑马,老百姓骑牛。比喻官场险恶,不如归隐山林,孝顺父母,过安稳生活。

[**用例**] 宋邵雍《梦林玄解 · 骑牛吉》卷十九:"占曰:'梦里骑牛何处去,隐居无事向王朝。马背不如牛背便,功名那比孝名高。'"

[**用法**] 作宾语、主语,单独成句。

[**异文**] (1)马背不如牛背稳,蓝舆番胜板舆安

明周履靖《锦笺记》下:"之子于归,非等闲,达权通变也……马背不如牛背稳,蓝舆番胜板舆安。"

(2)马背不如牛背稳,漫言骑马胜骑牛

明佚名《增广贤文》:"一家养女百家求,一马不行百马忧。马背不如牛背稳,漫言骑马胜骑牛。"

(3)乘马不乘牛

明郭子章《六语》卷二:"西湖僧仪,尝以诗上权臣云:'我本田中一比丘,却来乘马不乘牛。如今马上风波急,不似田中得自由。'"

马不打不奔，人不激不发

［释义］马不鞭打不奔跑，人不激励不奋发。指人须受外力激发，才能有所作为。发：奋发向上。

［用例］明臧懋循《元曲选·朱太守风雪渔樵记》："冰不搭不寒，木不钻不着，马不打不奔，人不激不发。我刘二公为何道这言语，只因朱买臣苦恋着我家女孩儿玉天仙，不肯去进取功名。"

［用法］作宾语、主语，单独成句。

马不吊不肥，人不吊不招

［释义］指对犯人实施刑罚，犯人才会招供。吊：马喂饱后将头高高吊起，不让其卧地，民间认为这样可以让马长膘。

［用例］明汤显祖《邯郸记》下："难道他双手送来？（末）马不吊不肥，人不吊不招。吊将起来就招了。"明陆无从《酒家佣》："（小净）马不吊不肥，人不吊不招。（末）我以裙钗之女饶你用刑，一味胡说，左右的，与我打这厮。"

［用法］作宾语、主语，单独成句。

［异文］（1）马不吊不肥，人不打不招

明汤显祖《邯郸记》下："马不吊不肥，人不打不招。先把梅香吊起来。"

（2）马不吊不肥，人不拶不直

明汤显祖《还魂记》下："那鸟官喝：'马不吊不肥，人不拶不直，把这厮上起脑箍来。'"

马倒不用喂，鼓破不用张

［释义］马倒了就不要继续喂养，鼓破了就不要继续撑紧。实际上，“马”和“鼓”（谷），暗指当时的宦官“马永成”和“谷大用”，表达了人们对宦官专政的不满与痛恨，后来指败局已定，不用再费力气去弥补挽救。

［出处］明郭子章《六语·大明谣》：“正德中北京童谣：‘马倒不用喂，鼓破不用张。’马永成、张永、谷大用、魏彬，四宦专权害政后皆废出。‘鼓’即‘谷’也，燕京之音呼‘谷’为‘鼓’。”此谚语反映的是明朝年间宦官专权的事情。明武宗时，宦官刘瑾、马永成、谷大用、魏彬、张永等称为八党，也称为八虎，势倾中外，专横跋扈。

［用例］明杨慎《古今风谣·正德北京童谣》：“马倒不用喂，鼓破不用张。”清张之洞《顺天府志·方言下》：“北京童谣云：‘马倒不用喂，鼓破不用张。’马永成、张永、谷大用、魏彬四宦专权害政，后皆废出。”

［用法］作宾语、主语，单独成句。

马逢伯乐方知价，人遇知己自吐心

［释义］好马遇到伯乐才能够真正知道自己的价格，人遇到知己才能真正说出心里话。

［用例］明袁于令《隋史遗文》第三十五回：“马逢伯乐方知价，人遇知己自吐心。叔宝一把扶住道：‘莫拜莫拜，且到家中先见了我母亲，然后我与你拜。’”

［用法］作宾语、主语，单独成句。

马行十步九回头

[释义] 马离开的时候,走几步回头看一眼,不舍得离开,后形容人不舍得离别。

[用例] 元高则诚《蔡伯喈琵琶记》卷上:“他那里,漫凝眸,正是马行十步九回头,归家只恐伤亲意,阁泪汪汪不敢流。”清龚景瀚《澹静斋诗文钞》卷五:“昨朝雨,今朝雪,拽兵原上行人绝,朔风打面劲如铁,冰骨棱棱割肤裂,马行十步九回头。”

[用法] 作宾语、主语,单独成句。

[异文] (1)马行十步九回看

明张凤翼《红拂记》下:“东去伯劳西去燕,马行十步九回看。”

(2)马行十步回头九

清佚名《珍珠塔》第二十回:“虽然分手心难舍,遥望空林泪未干。马行十步回头九,不减那送别长亭。”

马行无力皆因瘦,人不风流只为贫

[释义] 马儿跑起来没有气力是因为马自身太瘦弱,而人不风流是因为贫穷。指人贫穷就没有底气,做事说话畏首畏尾。风流:气度潇洒。也作“马行步慢只因瘦,人不风流只为贫”。

[出处] 汉张良《张子家训》:“闲居闹市无人问,富在深山有远亲。马行无力皆因瘦,人不风流只为贫。”

[用例] 明郑之珍《目连救母劝善戏文》卷上:“怎么来至此间马不进也?马行无力皆因瘦。”清李玉《永团圆》四折:“今日晴明,不免向街坊间走一回。正是‘马行无力皆因瘦,人不风流只为贫。’”

［**用法**］作宾语、主语，单独成句。

马乃将之司令

［**释义**］马是大将的司令，意指古代的将军离不开一匹好马。

［**用例**］明佚名《鞭打单雄信》二折："古人道：'马乃将之司令。'为将者若不是这一匹好马，临军对阵，焉能得取胜也。"

［**用法**］作宾语、主语，单独成句。

马骑上等马，牛用中等牛，人使下等人

［**释义**］上等马能跑得快、跑得远；中等牛性情温顺听使唤；愚拙、老实的人顺从雇主，容易管理。以上都是最为理想的役使对象。下等人：指愚拙、老实的人。

［**出处**］元陶宗仪《南村辍耕录》卷七："谚云：'马骑上等马，牛用中等牛，人使下等人。'马上等能致远，牛中等良善，人下等易驯，其聪明过我，则我反为所使矣。"

［**用例**］明郭良翰《问奇类林·操修》："谚云：'马骑上等马，牛用中等牛，人使下等人'……若其聪明过我，则我反为所用矣。"清杜文澜《古谣谚·许衡引谚》："命牙侩雇一仆役，特选一能应对闲礼节者进，却之曰：'特欲老实耳。'他日领一蓬首垢面黑骏之人来，遂用之。侩请问其故。先生曰：'谚云："马上等能致远，牛中等良善，人下等易驯。"'马骑上等马，牛用中等牛，人使下等人。"

［**用法**］作宾语、主语，单独成句。

［**异文**］马骑上等，牛使中等，人用下等

清史梦兰《止园笔谈》卷六："马骑上等，牛使中等，人用下等，此至言也。

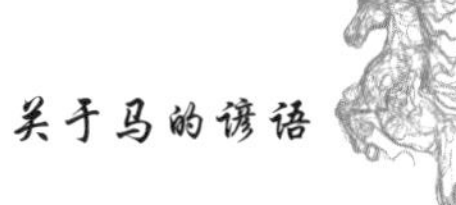

马取其行远,牛取其负重,人取其安分。若黠奴悍仆智过其主,未有不为其愚弄者。”

马取稳健,不择毛色

[释义] 挑选马匹时要选择稳健的,不选择毛色好看的。比喻选择人才时要选择做事沉稳之人,不以长相取人,不讲究虚名。取、择:选取、挑选。

[用例] 唐李肇《唐国史补》卷上:“居取便安,不慕华屋;食取饱适,不务兼品;马取稳健,不择毛色。”

[用法] 作宾语、主语,单独成句。

[异文] 马取稳健,不务毛色

宋王谠《唐语林·政事下》:“每入朝乘马则为鞭策。尝言:‘居取安便,不务华屋;食取饱适,不务多品;马取稳健,不务毛色。’”

马善被人骑,人善被人欺

[释义] 人过分忠厚老实就会受欺负,也作“马善被人欺,人善受人欺”“马老实有人骑,人老实有人欺”“马善得骑,人善受欺”。

[出处] 明冯梦龙《古今谭概·谈资部》:“钱曰:‘其字本是其,加水也是淇。除淇边水加欠便成欺。语云:“马善被人骑,人善被人欺。”’”

[用例] 清周亮工《字触·钱兼山郭剑泉》:“钱曰:‘其字本是其,加水也是淇。除淇边水加欠便成欺。语云:“马善被人骑,人善被人欺。”’”

[用法] 作宾语、主语,单独成句。

[异文] 人善得人欺,马善得人骑

明兰陵笑笑生《金瓶梅》七十六回:“自古人善得人欺,马善得人骑,便是如此。”

马上吃猪蹄,不知骨头落那里

[释义] 骑在马上吃猪蹄,吐出的骨头不知道落在了哪里。比喻生活颠沛流离、游离不定,不知道客死何处。骨头:本指猪蹄里的骨头,后泛指人的骨头。

[用例] 明沈璟《义侠记》上:“那武二郎在外飘荡,久不回家。正是‘马上吃猪蹄,不知骨头落那里了’。前巷有个张百万要与他孩儿议亲,你们姐姐许了他罢。”

[用法] 作宾语、主语,单独成句。

[异文] 马上吃猪蹄,骨头不知在那里

明杨柔胜《玉环记》上:“你看那姐姐好痴,那韦皋‘马上吃猪蹄,骨头不知在那里’,只管想他。”

马上得之,宁可以马上治之

[释义] 以武力取得天下,不可以靠武力治理天下。马上:马背之上,借指武力;宁:难道。

[出处]《史记·郦生陆贾列传》:“陆生时时前说称《诗》《书》。高帝骂之曰:‘乃公居马上而得之,安事《诗》《书》!’陆生曰:‘居马上得之,宁可以马上治之乎?’”

[用例]《汉书·郦陆朱刘叔孙传》:“高祖大悦,拜贾为太中大夫。陆生时时前说称《诗》《书》。高帝骂之曰:‘乃公居马上而得之,安事《诗》《书》!’陆生曰:‘居马上得之,宁可以马上治之乎?’”

[用法] 作宾语、主语,单独成句。

[异文] (1)马上取之,不可以马上治之

《魏书·列传儒林》:“天兴二年春,增国子太学生员至三千。岂不以天下可马上取之,不可以马上治之,为国之道,文武兼用,毓才成务,意在兹乎?”

(2)马上得之,不以马上治之

《旧唐书·唐俭》:“对曰:‘汉祖以马上得之,不以马上治之;陛下以神武定四方,岂复逞雄心于一兽。’”

(3)马上得之,岂可以马上治之

宋苏轼《儒者可与守成论》:“故陆贾讥之曰:‘陛下以马上得之,岂可以马上治之!’”

(4)马上得之,安可马上治之

宋王溥《唐会要·太中大夫》:“然曰:‘吾以马上得之,安事诗书乎?’对曰:‘陛下马上得之,安可马上治之乎?’”

马上观壮士,灯下看美人

[释义] 形容壮士骑上骏马更显得威武,灯光下的美人更有一种朦胧之美。也作“马上观壮士,月下看佳人”“马上看壮士,月下观美人”。

[用例] 清贪梦道人《彭公案》第八十四回:“女子淡妆素服,借灯光一看,果然天姿国色,有倾国倾城之貌,真是‘马上观壮士,灯下看美人’。”

[用法] 作宾语、主语,单独成句。

马虽瘦,行步工

[释义] 马虽然瘦弱,但是走起路来却很稳健,表达了官民对鲍宣祖孙三代的敬仰之情。马:此处特指鲍氏及其子孙所乘之马;工:善于、长于。

[用例] 明冯惟讷《古诗纪·鲍司隶歌》:“京师人歌之:‘鲍氏骢,三入司隶再入公,马虽瘦,行步工。’”宋李昉《太平御览·马》:“其在公,皆复乘骢

马，故京师歌之曰：'鲍氏骢，三入司隶再入公，马虽瘦，行步工。'"此谚语赞美的是鲍宣祖孙三代。汉朝鲍宣和其子鲍永、孙子鲍昱，三世都做过司隶官，即汉至魏晋监督京师和地方的监察官。他们都爱骑一匹青白色的瘦马，为官清廉公正。

［用法］作宾语、主语，单独成句。

［异文］(1)马虽疲，行步通

唐虞世南《北堂书钞 · 司隶校尉》："鲍宣至子永、孙昱，俱为司隶，乘骢马。京师歌之曰：'鲍氏骢，三入司隶再入公，马虽疲，行步通。'"

(2)马虽疲，行步工

宋叶廷珪《海录碎事 · 鸟兽草木部》："鲍氏骢，鲍宣及子永、孙昱俱为司隶校尉，及其为公，皆履乘骢马。京师歌之曰：'鲍氏骢，三入司隶再入公，马虽疲，行步工。'"

马虽有千里之能，无人则不能自往

［释义］马虽有驰骋千里的能力，但是没有人驾驭就无法到达目的地。比喻再有才能的人，如果无人赏识，也不能有一番作为。也作"马有千里之能，非人不能自往"。

［用例］明沈采《千金记》上："此兵戈之世，起于草莽之间，未获高明举荐，何以显功立名？传曰：'马虽有千里之能，无人则不能自往。'"

［用法］作宾语、主语，单独成句。

［异文］马行千里，无人不能自往

明吴承恩《西游记》第八十回："行者大笑道：'呆子倒有买卖，师父照顾你牵马哩。'三藏道：'这猴头又胡说了！古人云："马行千里，无人不能自往。"'"

马听锣声

[释义] 马儿听着锣声奔跑,形容一些人往往看着别人的眼色行事,也比喻只根据别人的意愿办事,毫无主见。

[用例] 明胡文焕《群音类选·官腔类》:“金鼓要分明。人望旌旗,马听锣声。”明吴门啸客《孙庞斗智演义》卷九:“遂叫众人搜去。那些家将正是‘兵随将转,马听锣声’,一齐应声就走,穿东过西,翻来倒去。”

[用法] 作宾语、定语、状语、主语,单独成句。

[异文] 马听锣声转

清西周生《醒世姻缘传》:“家人媳妇,丫头养娘,原无什么正经,马听锣声转的,见寄姐合他相好,也都没人敢欺侮了他,倒茶端水,一般服侍。”

马通人性

[释义] 马能够领悟人的意思,通晓人性。

[用例] 清杜文澜《平定粤匪纪略·附记》:“有汉阳生员马姓特王,台边与贼目辩论,继以痛詈,贼不能屈,令以五马缚其肢首,驱令分裂。马忽蹄蹶,百驱不前,而马生骂不绝口。贼不得已刃之,马通人性亦忠义之气。”

[用法] 作宾语、主语,单独成句。

马为策己者驰,神为通己者明

[释义] 马会为鞭策自己的人奔跑飞驰,神灵会为与自己意念相通的人显灵,指万事万物都会为善待自己的人服务。策:鞭策;通:连接,与……相

通;明:照亮,意为显灵。

［出处］三国蜀诸葛亮《便宜十六策·察疑》:“故士为知己者死,女为悦己者容,马为策己者驰,神为通己者明。故人君决狱行刑,患其不明。”

［用例］明徐元太《喻林·类应》:“士为知己者死,女为悦己者容,马为策己者驰,神为通己者明。”

［用法］作宾语、主语,单独成句。

［异文］(1)士为知己者死,马为知御者良

《册府元龟·交友》:“生我者,父母。知我者,鲍子。士为知己者死,马为知御者良。鲍子卒,天下莫我知。”

(2)马为策己者驰,镜为拂己者明

袁箴《康熙访贤》:“马为策己者驰,镜为拂己者明,士为知己者死,女为悦己者容。俱不外乎一个‘信’字而已。”

(3)士为知己者死,马为知己者良

清陈厚耀《春秋战国异辞·桓公下》:“管仲曰:‘生我者,父母;知我者,鲍子。士为知己者死,马为知己者良。鲍子死,天下莫吾知。’”

马异视力,人异视识

［释义］看马的差异,要看它的力气与耐力;看人的差异,要看他的见识。

［用例］明徐祯《耻言》:“马异视力,人异视识。或与群野竖共席,馔肝炙江鲥,鲥味美而饶骨……食鲥者赧焉,辍箸。”

［用法］作宾语、主语,单独成句。

马有垂缰之报，犬有驙草之恩

［**释义**］犬马尚且知道报恩，比喻人要懂得感恩。缰：缰绳。也作“狗有湿草义，马有垂缰志”“马有垂缰之力，狗有守户之恩”。

［**出处**］这条谚语出自两个故事。前半句“马有垂缰之报”，源于南北朝刘敬叔《异苑》卷三，云：“苻坚为慕容冲所袭……垂鞍与坚，坚不能及，马又跪而受焉。坚援之，得登岸，而走庐江。”讲的是先秦世祖皇帝苻坚在与慕容冲交战中不幸战败，落荒而逃，失足落入山洞爬不起来。他的坐骑跪在河边将缰绳垂下，救出苻坚。

后半句“犬有驙草之恩”，故事出自晋干宝《搜神记》卷二十，云：“孙权时李信纯，襄阳纪南人也。家养一狗，字曰黑龙，爱之尤甚，行坐相随，饮馔之间皆分与食。忽一日于城外饮酒大醉，归家不及，卧于草中，遇太守郑瑕出猎，见田草深，遣人纵火爇之。信纯卧处恰当顺风，犬见火来，乃以口拽纯衣，纯亦不动。卧处比有一溪，相去三五十步，犬即奔往入水，湿身走来，卧处周回以身洒之，获免主人大难，犬运水困乏，致毙于侧。俄尔，信纯醒来，见犬已死，遍身毛湿，甚讶其事。睹火踪迹，因尔恸哭，闻于太守。太守悯之曰：‘犬之报恩，甚于人。人不知恩，岂如犬乎？’即命具棺椁衣衾葬之，今纪南有义犬葬高十余丈。”讲的是三国时期吴国人李信纯的故事。李信纯有一条名为黑龙的狗。一日，李信纯大醉，摔倒在草坪中大睡过去。恰逢此时，猎人放火围猎，狗想拉主人离开却无济于事，于是便跳入附近的水沟里，将全身弄湿，跑回来用身上的水将李信纯身边的草打湿，往返多次，使得李信纯幸免于难。

［**用例**］宋普济《五灯会元 · 南岳下十世》：“师曰：‘一生不出岭。’问祖意，教意是同是别。师曰：‘马有垂缰之报，犬有驙草之恩。’”明圆极居顶《续传灯录 · 大鉴下第十一世》：“曰：‘意旨如何？’师曰：‘一生不出岭。’问祖教意是同是别。师曰：‘马有垂缰之报，犬有驙草之恩。’”

[**用法**] 作宾语、主语,单独成句。

[**异文**] (1)犬有湿草之义,马有垂缰之恩

明徐仲由《杀狗记》下:“岂不闻犬有湿草之义,马有垂缰之恩,犬马尚然如此,你为人岂无报效乎? 正是世情看冷暖,人面逐高低。”

(2)狗有展草之恩,马有垂缰之报

明孟称舜《酹江集》:“想当日,狗有展草之恩,马有垂缰之报,禽兽尚然如此,何况你乎?”

(3)马有垂缰之义,犬有湿草之仁

清李汝珍《镜花缘》第二十六回:“总而言之,凡鳞介鸟兽为四灵。所属种类虽别,灵性则一。如马有垂缰之义,犬有湿草之仁。若谓无知无识,何能如此。”

马有转缰之厄

[**释义**] 马在转缰瞬间就可能遭受厄运而患病,形容灾难难以预料,说来就来。转缰:转动缰绳,比喻时间短暂。也作“人有当日之灾,马有转缰之病”。

[**用例**] 清黄六鸿《福惠全书·选兽医》:“所受日深而所发愈迟,发迟者其病大而势危不可治矣。谚云:‘马有转缰之厄’,言乎受病甚易而救治宜早也。”

[**异文**] (1)人有旦夕之灾,马有转缰之病

孙芋《妇女代表》:“那可怨不着我,这‘人有旦夕之灾,马有转缰之病’,才治好了这个病,他又得那个病了。”

(2)马有转缏之病,人有旦夕祸福

郑九蝉《江岛》:“可是,‘马有转缏之病,人有旦夕祸福’,谁又能料到自己坎坷的一生何时有大难临头?”

[**用法**] 作宾语、主语,单独成句。

马遇伯乐而长鸣

［释义］良马遇到识马之人就会激动地长鸣，比喻有识之士遇到惜才之人会为其效力。后因与之搭配的语句不同，语义发生相应变化。伯乐：本名孙阳，一说赵简子，善相马，字子良，又称王良，春秋时代人。由于他对马的研究非常出色，人们便忘记了他本来的名字，干脆称他为伯乐。也作“马遇伯乐嘶鸣，人逢喜事泪流”。

［用例］《战国策·楚策》：“昔骐骥驾盐车，上吴坂，迁延负辕而不能进，遭伯乐，仰而鸣之，知伯乐之知己也。”清王相《友声集·白醉题襟集》：“盖闻云性能间，随风作态。山形本静，因雨增青……剑逢季子而解赠，马遇伯乐而长鸣。”此条谚语源于《战国策》记载的一个故事。伯乐受楚王的委托，购买能日行千里的骏马。伯乐奔波多地，没有寻得，在返回楚国的路上，有一匹马拉着盐车上太行山，走到中间，拉着车辕没有力气继续前进。伯乐看到它，抱住它痛哭，并脱下自己的布衣给它披上。于是，千里马昂起头高声嘶叫。

［用法］作宾语、主语，单独成句。

［异文］（1）盐骥遇伯乐而嘶

清曹煜《绣虎轩尺牍·复郡幕府徐君》：“盐骥遇伯乐而嘶，伯乐岂必无心者耶？仆虽乏千里之才，敢忘千里之报哉！”

（2）马逢伯乐而嘶，人遇知己而死

明罗贯中《三国演义·庞统献策取西川》：“蜀中小吏何足为道，盖闻马逢伯乐而嘶，人遇知己而死。张别驾昔日之言，将军复有异乎。”

名师大将莫自牢，千兵万马避白袍

［**释义**］功成名就的将帅们千万别故步自封，任你有千军万马，也要避开白袍将军陈庆之率领的军队。牢：束缚。

［**出处**］《梁书·陈庆之》："庆之麾下悉着白袍，所向披靡。先是洛阳童谣曰：'名师大将莫自牢，千兵万马避白袍。'"此条谚语讲的是关于南朝梁著名将领陈庆之的故事。他所率部下都穿着白色战袍，因此人们称他为"白袍将军"。

［**用例**］宋王钦若《册府元龟·谣言》："梁武帝大通初，陈庆之为飚勇将军……庆之麾下悉着白袍，所向披靡。先是，洛中童谣曰：'名师大将莫自牢，千兵万马避白袍。'"清杜文澜《古谣谚·洛阳童谣》："名师大将莫自牢，千兵万马避白袍。"

［**用法**］作宾语、主语，单独成句。

［**异文**］名军大将莫自牢，千军万马避白袍

唐李延寿《南史·陈伯之》："先是洛中谣曰：'名军大将莫自牢，千兵万马避白袍。'"

磨镰杀马

［**释义**］比喻借一时之力或满足一时之需，目光短浅，虑事不够长远。

［**用例**］宋宋琪《论边事疏》："谚所谓'磨镰杀马'，劫一时之力也。旬浃之余，固无阙乏矣。"《宋史·宋琪》："缘路五七程，不烦供馈，止令逐都兵骑，裹粮轻赍，便可足用。谚所谓'磨镰杀马'，劫一时之力也，旬浃之余，固无阙乏矣。"

［**用法**］作谓语、宾语、主语、定语，单独成句。

南船北马

[释义] 指旧时的交通情况:南方水路交通发达,交通工具主要是船;北方多旱路,交通工具主要是车、马。

[出处] 元赵孟頫《松雪斋集·钦颂》:“东海西山壮帝居,南船北马聚皇都。”

[用例] 明尹守衡《皇明史窃·军法志》:“故曰:‘南船北马。’又曰:‘古大事必乘其产,非虚语也。’”清陈夔龙《松寿堂诗钞·哭昌祺大侄》:“郁郁猗兰饶异卉,森森怒笋挺英枝。南船北马寻常事,千里家驹仗此儿。”

[用法] 作宾语、主语,单独成句。

牛耕田,马吃谷

[释义] 牛耕田,马吃谷子。形容一个受累,一个享福,喻指不公平的事情。

[用例] 清全祖望《续耆旧·偶然》:“牛则耕田马吃谷,民则输粮吏食禄。君子于斯,咄嗟哉! 寝处其皮食其肉。”

[用法] 作宾语、主语,单独成句。

[异文] 牛耕田,马食谷

清钱仲聊《清诗纪事·郭仪霄》:“牛耕田,马食谷。大儿烂羊胃,小儿绣罗谷。阿母屏当翁朴遬,残衫破帽脱壳粟。颇有古意。”

牛即戴嵩,马即韩干

［释义］看到画的是牛就以为是戴嵩的作品,画的是马就以为是韩干的作品。形容毫无鉴赏能力,不懂装懂。

［出处］宋米芾《画史·唐画》:"今人以无名为有名,不可胜数。故谚云'牛即戴嵩,马即韩干,鹤即杜荀,象即章得'也。"此谚语与四位画家有关:唐代戴嵩、韩干、杜荀鹤,宋代章得,都以书画闻名。戴嵩:唐代画家,擅画田家、川原之景,画水牛尤为著名,后人谓得"野性筋骨之妙",相传曾画饮水之牛,水中倒影,唇鼻相连,可见其观察之精微,传世作品有《斗牛图》。韩干:唐代画家,相传年少时曾为酒肆雇工,经王维资助,学画十余年而艺成,擅绘人物、鬼神、花竹,尤工画马,代表作品有《牧马图》《照夜白图》。两人并称"韩马戴牛"。一些浅陋的人看到画的是牛就以为是戴嵩的作品,画的是马就以为是韩干的作品,画的是鹤就以为是杜荀鹤的作品,画的是象就以为是章得的作品。

［用例］元袁桷《袁桷集校注·题双竹图》:"《米襄阳画学》:'无名人画甚佳,今人以无名为有名,不可胜数。'故谚云'牛即戴嵩,马即韩干,鹤即杜荀,象即章得'是也。戴嵩,唐人,以善画山泽水牛名于世。"清杜文澜《古谣谚·米芾引谚》:"今人以无名为有名,不可胜数……牛即戴嵩,马即韩干,鹤即杜荀,象即章得。"

［用法］作宾语、主语,单独成句。

牛叩头,马抟坂

［释义］牛马将头垂下,凭借山坡抓力,艰难行进。形容牛马负重经过朱提、僰道,艰难行进的状态。此处是形容朱提、僰道地形的险峻与复杂。

抟：凭借；坂：山坡。

［用例］晋常璩《华阳国志·南中志》："又有牛叩头，马抟坂，其险如此。"今云南省昭通市至今四川省宜宾市，古时两地之间有水路陆路，地形皆复杂险要。水路有黑水、羊官水，极其艰险难行；陆路则为羊肠小路，山势极其高峻。

［用法］作宾语、主语，单独成句。

［异文］(1)牛叩头，马搏坂

清杜文澜《古谣谚·南广郡行人语》："《华阳国志·南中志》：'南广郡自僰道至朱提，有水步道。水道有黑水及羊官水，至险难行。步道度三津，亦艰阻……又有牛叩头，马搏坂，其险如此。'"

(2)牛叩头，马搏颊坂

北魏郦道元《水经注·若水》："又有牛叩头，马搏颊坂，其艰险如此也。"

(3)牛叩头阪，马搏颊阪

清张英《渊鉴类函·阪》："僰道有牛叩头阪，马搏颊阪，其险如此。"

牛马困于蚊虻

［释义］牛马体形虽大，却被小小的蚊虻所困扰而奔走。比喻强大的事物会被众多弱小的事物所制服，微小的有害因素，若不及时遏制，可以酿成大祸。

［出处］汉王充《论衡·物事篇》："蚊虻之力不如牛马，牛马困于蚊虻，蚊虻乃有势也。"

［用例］明徐元太《喻林·借势》："牛马困于蚊虻，蚊虻乃有势也。"

［用法］作宾语、谓语、主语，单独成句。

牛头高,马头高

[释义] 比喻互争高低不相让。

[用例] 清张南庄《何典·右调思佳客》:“恰正钉子碰着铁头,两个牛头高,马头高,长洲弗让吴县的就打起来了。”

[用法] 作宾语、谓语、主语,单独成句。

牛走顺风,马走逆风

[释义] 牛顺风行走,马逆风行走,指牛马的习性不同。

[出处] 宋陆佃《埤雅·牛》:“楚子曰:‘君处北海,寡人处南海,唯是风马牛不相及也。按:牛走顺风,马走逆风,牛马风逸性,性相及。楚是以云尔。’”

[用例] 明徐𤊹《笔精·风马牛》:“牛走顺风,马走逆风。故曰:‘风马牛不相及。’”清连斗山《周易辨画·说卦传》:“物之健而能行者莫如马,乾性健能行故为马;物之顺而能载者莫如牛,坤性顺能载故为牛。《埤雅》云:‘牛走顺风,马走逆风’,顺健之分也。”

[用法] 作宾语、主语,单独成句。

[异文] (1)马迎风而驰,牛顺风而走

《尚书·费誓》:“马牛其风。”朱祖义句解:“马迎风而驰,牛顺风而走,相奔逐也。”

(2)马顺风,牛逆风

宋李如篪《东园丛说·风马牛》:“马顺风,牛逆风,两者相背。”

驽马恋栈豆

［释义］能力低下的劣马贪恋马棚的饲料，懒于奔波行走。比喻贪图眼前利益，目光短浅，没有远大理想的人。驽马：指资质较差的马，劣马；栈：养牲畜的棚；豆：指喂马的饲料。

［出处］《晋书·宣帝纪》："爽与范内疏而智不及，驽马恋栈豆，必不能用也。"此谚语与三国时期一则故事有关。曹爽，三国时期曹魏宗室，被封为武安侯。正始十年（249年），曹芳在曹爽兄弟的陪同之下离京参拜高平陵，司马懿趁机发动了兵变。留守京城的大司农桓范得知司马懿已经起兵造反一事后，便出平昌门寻曹爽大将军。

桓范是一个很有谋略的人，他分析问题总能切中要害。因此，当司马懿得知桓范已出城寻找曹爽后忧心如焚，立即与自己手下的谋士蒋济商议对策。蒋济说："宣王不必多虑，驽马往往只贪恋马棚中的那点饲料。桓范虽有谋略，但以曹爽的性格，他必定不会采用桓范提出的计策。"蒋济的话果然没有说错，桓范给曹爽提出了应对策略，可曹爽一直未置可否，最后选择投降。司马懿就这样轻而易举地夺取了魏国的实权。不久，司马懿以谋反的罪名，诛杀了曹爽及其党羽。

［用例］明陈耀文《天中记》："驽马恋栈豆。桓范出，赴曹爽。宣王谓蒋济曰：'智囊往矣。'济曰：'范则智矣，驽马恋栈豆，爽必不能用也。'"清钱仪吉《碑传集·康熙朝功臣上》："自始反至今，四十余日不出，此驽马恋栈豆，不足畏也。"

［用法］作宾语、谓语、主语，单独成句。

殴君马者路傍儿

［释义］杀害你马的人是路旁喝彩的人。比喻恭维叫好，阿谀奉承，使人忘乎所以，容易招致祸害。殴：殴杀，杀害。

［出处］宋郑樵《通志·琴操五十七曲》："人鄙笑之，有'殴君马者路傍儿'之语。故张率诗曰：'吾畏路傍儿。'"此谚语讲述的是这样一个故事：一日，身为京兆尹的张敞骑骏马出行，路旁众人看到张敞的马十分肥硕，纷纷惊叹马跑得真快，频频鼓掌。张敞听到夸赞洋洋自得，不停地加速，结果把马累死了。其实，马是死于路人的称赞，也就是所谓的"捧杀"。

［用例］明程明善《啸余谱·琴操五十七曲》："时罢朝会，走马章台街时，人鄙笑之，有'殴君马者路傍儿'之语。"清程允基《诚一堂琴谈》卷二："人鄙笑之，有'殴君马者路傍儿'之语。故张率诗曰：'吾畏路傍儿。'"

［用法］作宾语、主语，单独成句。

［异文］（1）杀君马者道傍儿

明朱日藩《山带阁集·中舍浮山梁君入都经过浔阳奉赠一首》："遗余佩兮溢之浦，杀君马者道傍儿。郡斋梅花过人日，庐山腊雪引春旗。恩门嘉话那能尽，且对华灯举一卮。"

（2）杀君马者路旁儿

明卓明卿《卓氏藻林·人物类》："路旁儿，古语云：'杀君马者路旁儿'也，谓长吏马，观者快之，乘者善其言，驱驰不已。"

（3）殴君马者路旁儿

清杜文澜《古谣谚·时人为张敞语》："张敞为京兆尹，无威仪，时罢朝会，走马章台街时，人鄙笑之……故张率诗曰：'吾畏路旁儿，殴君马者路旁儿。'"

拼着一身剐，敢把皇帝拉下马

［释义］比喻事情再难，拼着一死也敢干下去，后比喻同恶势力做斗争，不惜牺牲自己的生命。也作“舍得一身剐，敢把皇帝拉下马”。

［用例］清曹雪芹《红楼梦》第六十八回：“俗语说：‘拼着一身剐，敢把皇帝拉下马。’他穷疯了的人，什么事做不出来？”此条谚语讲述的是明朝发生的故事。明朝时，有父子二人在京城开了一家珠宝店，名气很大。父亲叫王义，儿子叫王明。皇帝命父子二人制作玉雕屏风，上面印上历代美人图。之前为了给皇帝做金匾已经耗费一半家财，父亲王义寻法不得，悬梁自尽。儿子伺机报仇，想刺杀皇帝。一次，皇帝围猎，他趁机将皇帝拉下马，要用怀中藏着的匕首刺杀昏君，不料被侍卫阻止。皇帝命侍卫把王明给剐了，王明至死都笔直地站着，恨恨地盯着皇帝。

［用法］作宾语、主语，单独成句。

骑马不撞着亲家公，骑牛便就撞着亲家公

［释义］比喻体面的时候，人们看不见；丢人或不愿让人知道的时候，却偏让人碰到了。

［用例］明罗懋登《三宝太监西洋记》二九回：“骑马不撞着亲家公，骑牛便就撞着亲家公。方才打得一个盹，惹得师父说了这许多唠叨。”

［用法］作宾语，单独成句。

［异文］(1)骑马遇不着亲家，骑牛反要遇着

清酌元亭主人《照世杯》四回：“可煞作怪，骑马遇不着亲家，骑牛反要遇着，远远望见崔题桥从岸上走来。”

(2)骑马没碰到亲家，骑牛倒碰上了

柯蓝等《风满潇湘》一四："不知道的人看他眉开眼笑，红光满面，还以为他家里办喜事，才这么高兴。其实这比办喜事还巧，他真没想到他骑马没碰到亲家，骑牛倒碰上了！"

(3)骑牛撞见亲家公

张恨水《魍魉世界》一〇章："亚雄笑道：'真是骑牛撞见亲家公，你看，我们兄弟俩弄成这一副狼狈的样子，却不断遇到熟人。'"

(4)骑牛偏偏碰到亲家

沙汀《淘金记》一〇："'真是，骑牛偏偏碰到亲家！'他惋惜地说，'我早一步就好了！'"

(5)骑驴撞见亲家公

张恨水《巴山夜雨》三章："李南泉笑道：'俗话说，骑驴撞见亲家公。今天我就闹了这么一个笑话。当我在大路上扫地的时候，城里来了两对有钱的朋友。'"

骑马来，骑马去

［**释义**］一说，闽国建国于光启二年，灭国于保大四年，皆为丙午马年，所以说"骑马来，骑马去"；又有一说，以景福元年为始。马：丙午马年。

［**出处**］唐马总《通纪》卷十五："始王氏以唐光启，丙午岁据有闽越时，有异僧言：'骑马来，骑马去。'至开运丙午岁，果绝后。"

［**用例**］宋梁克家《三山志·叙州》："自光启二年，丙午入闽，有神僧黄涅槃，人就问之，僧云：'骑马来，骑马去。'"清吴任臣《十国春秋·天德帝本纪》："论曰：'太祖开国时，相传有僧陈"骑马来，骑马去"之谶，说者遂以司空拜泉州刺史为丙午岁，而五代史诸书载唐兵破建州为保大之四年，与谶语颇合。'"

［**用法**］作谓语、宾语、主语，单独成句。

骑马一世,驴背上失了一脚

[释义] 比喻有经验的人也难免出现失误。

[用例] 元关汉卿《关汉卿集·赵盼儿风月救风尘》:“自家周舍是也。我骑马一世,驴背上失了一脚。我为娶这妇人呵,整整磨了半截舌头,才成得事。”

[用法] 作谓语、宾语、主语,单独成句。

骑着驴骡思骏马

[释义] 骑着驴子骡子,还想骑上高头大马。比喻人的欲望永远没有满足的时候。驴骡:驴子和骡子;骏马:好马。驴骡的脚力不如好马。

[用例] 明吴承恩《西游记》第一回:“争名夺利几时休?早起迟眠不自由!骑着驴骡思骏马,官居宰相望王侯。”

[用法] 作宾语、主语,单独成句。

[异文] 骑驴思骏马

清郑观应《罗浮偫鹤山人诗草·乙酉还家书以自勉》:“祸兮福所倚,福兮祸所伏。无罪以当贵,无祸便是福。骑驴思骏马,人心不知足。行险以侥倖,求荣反得辱。”

千金买马,万石调弓

[释义] 用千金买马,花费万石粮食来换取弓箭。形容对偏爱的东西舍得花费重金。石:容量单位,一石等于十斗。

[**用例**] 明汤显祖《紫箫记》四出："呀，看他马射绝精呵，羡他玉羽盘飞，巧把金丸叠中。（十郎）将军何羡此少年，他止是千金买马，万石调弓。将军若有此马，便出塞封侯。"

[**用法**] 作宾语，单独成句。

[**异文**] 千金买马鞍，百金装刀头

清袁于令《隋史遗文》四五回："一辈是贪功的勋贵权要人物，谋充首领职，没有功，冒功没功时，自有一干士卒垫刀头，杀他不着，都来应募。又道是：'千金买马鞍，百金装刀头。'"

枪刀流水急，人马撮风行

[**释义**] 形容军容整齐，行动迅捷，声势浩大。撮风：乘风。

[**用例**] 元施耐庵《水浒传》五二回："共该二十二位头领，辞了晁盖等众人，前部已离山寨，中军主将宋江、吴用督併人马望高唐州进发……端的枪刀流水急，果然人马撮风行。"

[**用法**] 作宾语，单独成句。

[**异文**] 枪刀如芦苇，人马撮风行

《七国春秋平话》卷上："但见前排甲马，后列军兵，遥闻金鼓震天，远望旌旗藏日，刀枪如霜凛凛，衣甲曜日辉辉；端的枪刀如芦苇，人马撮风行。"

青丝白马寿阳来

[**释义**] 侯景作乱，乘白马以青丝为缰，兵皆青衣，从寿春进军建康。又侯景大破丹阳时亦乘白马，以青丝为辔，故云此。后来泛指作乱的人。寿阳：寿春、丹阳，地名。

[**用例**] 唐李延寿《南史·侯景》："先是，大同中童谣曰：'青丝白马寿阳

来。'"宋王钦若《册府元龟·谣言》:"又普通中童谣云:'青丝白马寿阳来',其后,侯景果乘白马,兵皆青衣。"

[用法] 作宾语、谓语、主语,单独成句。

轻身单马

[释义] 身体轻便,只乘一匹马,形容人轻便灵活。

[出处] 明杨慎《丹铅总录·轻音磬》:"左师展将以昭公乘马而归……'轻',去声,即今谚所谓'轻身单马'也。"

[用例] 清杜文澜《古谣谚·又引谚论轻》:"又曰:'夷德轻不忍久也。'又曰:'将为轻车千乘。'注皆音'磬'。孟子曰:'轻身以先于匹夫者。'此尤明白可证之文也。轻身单马。"

[用法] 作谓语、宾语、主语,单独成句。

拳头上立得人,胳膊上走得马

[释义] 比喻清清白白,光明磊落。

[出处] 元施耐庵《水浒传》第二十四回:"我是一个不戴头巾男子汉,叮叮当当响的婆娘!拳头上立得人,胳膊上走得马,人面上行得人,不是那等搠不出的鳖老婆!"

[用例] 明周清原《西湖二集》卷二十:"拳头上立得人,胳膊上走得马。年登二十五岁。"

[用法] 作宾语、主语,单独成句。

[异文] (1)拳头上站的人,胳膊上走的马

明孟称舜《酹江集》第三折:"怎么把这样好小事儿赃诬着我,我是个拳头上站的人,胳膊上走的马,不带头巾男子汉,丁丁当当响的老婆。"

(2)拳头上走得马,臂膊上立得人

明佚名《白兔记》上:“你认得我甚么?我拳头上走得马,臂膊上立得人,清清白白的。你说甚么?”

人不解甲,马不停蹄

[释义] 人不脱盔甲,马不停止行走。形容连续作战,不休息,也形容非常忙碌的样子。

[用例] 明孟子若《英雄成败》三折:“恰便是棋逢敌手难回避,一般儿人不解甲,马不停蹄。”

[用法] 作宾语、主语,单独成句。

[异文] (1)人不解甲,马不卸鞍

苏群《大别山人》:“今年插秧时节,社员们忙得人不解甲,马不卸鞍。”

(2)人不歇脚,马不停蹄

曲波《桥隆飙》一:“总算摆脱了敌人!我们人不歇脚,马不停蹄,直向我根据地边缘区方向连日继夜急奔。”

人靠衣服,马靠鞍

[释义] 人穿上一身得体的衣服,就显得格外精神;马配上一套讲究的鞍,就显得格外俊美。指衣服的穿着对人形象的影响巨大。

[用例] 元张国宾《薛仁贵征东》一〇回:“人常说:‘人靠衣服,马靠鞍。’这一身盔甲穿在薛仁贵身上,那就更显得威风凛凛了。”

[用法] 作宾语、主语,单独成句。

[异文] (1)人要衣装,马要鞍装

《三刻拍案惊奇》第三十回:“自古道:‘人要衣装,马要鞍装。’这一装束

便弄得绝好了,也是他该发迹。”

(2)马要鞍,人要扮

戈基《暗渡》二一章:“人常说,马要鞍,人要扮。李奋脱掉了国民党的黄衣服,扔掉了那个船形帽,穿上解放军的军装,像换了个人,英气勃勃。”

(3)马要鞍辔,人要穿戴

李存福《什兰哥》:“西俊迪尤,你那么漂亮,是因为你穿得好。俗话说,‘马要鞍辔,人要穿戴’。要是我俩把衣服换着穿上,我就比你漂亮。”

(4)马靠鞍来人靠衫

字心《青色的烟尘·结账》:“但马靠鞍来人靠衫!他一身深蓝色的中山装洗得发白,肩头和磕膝补了又补,就是这样,在靠右膀的部位,还露出一坨黑黄黑黄的肌肉。脚下就更寒碜了。一双后跟都快磨平了的塑料凉鞋,鞋帮似乎早已破烂,几根布条和麻绳做了替代。”

(5)人是衣服,马是鞍

杨朔《三千里江山》:“哟,可会打扮啦!怪不得都说是‘人是衣服,马是鞍’,越来越俏。”

人贫智短,马瘦毛长

[**释义**] 人贫穷的时候,就显得智谋不足;马瘦弱的时候,肌肉干瘪,毛就显得很长。指贫穷会使人的智谋受到限制。

[**用例**] 宋普济《五灯会元·白云端禅师法嗣》:“问:‘祖意教意,是同是别?’师曰:‘人贫智短,马瘦毛长。’”明凌濛初《初刻拍案惊奇》卷一五:“慧空分明晓得李生拿不出银子,故意勒措他,实是何曾添造什么房子?又道是:‘人贫智短,马瘦毛长。’李生听了这句话,便认为真。”

[**用法**] 作宾语、主语,单独成句。

[**异文**] (1)人当贫贱语声低,马瘦毛长不显肥

明袁于令评改《隋史遗文》第七回:“人当贫贱语声低,马瘦毛长不

显肥。”

(2)人贫志短,马瘦毛长

清翟灏《通俗编·境遇》:“人贫志短,马瘦毛长,百巧千穷。”

(3)人穷志短,马瘦毛长

宋惟白《建中靖国续灯录》:“人穷志短,马瘦毛长。”

人生如白驹过隙

[释义] 人活在世上很短暂,就像透过缝隙看白色的骏马飞驰一样,转瞬即逝。比喻人生短暂,要把握好时间,做有意义的事情。白驹:白色的马;隙:缝隙。

[出处]《魏书·列传列女》:“年十六而溥遇病且卒,顾谓之曰:‘人生如白驹过隙,死不足恨,但夙心往志,不闻于没世矣。’”

[用例] 宋陈均《皇朝编年纲目备要》卷第一:“上曰:‘人生如白驹过隙,所为好富贵者,不过欲多积金币,厚自娱乐,使子孙无贫乏耳。’”明陈邦瞻《宋史纪事本末·收兵权》:“帝曰:‘人生如白驹过隙,所以好富贵者,不过欲多积金钱,厚自娱乐,使子孙无贫乏尔。’”

[用法] 作宾语、主语,单独成句。

人无横财不富,马无夜草不肥

[释义] 人没有意外之财不会大富大贵,马不在夜间喂食不能长膘。横财:外快,分外之财。也作“马无夜草不肥,人无外财不富”“马不吃夜草不肥,人不进外财不发”。

[出处] 元郑庭玉《包龙图智勘后庭花》:“我则要千事足百事足。常言道:‘马无夜草不肥,人不得外财不富。’”

［用例］明沈鲸《双珠记》下："人无横财不富，马无夜草不肥。今日挑了行李，走了一日不胜劳倦，方才见那宫女怀中落下一物，不知是甚么东西，一时人众不好拾得。"明佚名《增广贤文》："人无横财不富，马无夜草不肥。"

［用法］作宾语、主语，单独成句。

［异文］(1)人无横财不富，马无夜料不肥

明洪楩《清平山堂话本·曹伯明错勘赃记》："用常道：'人无横财不富，马无夜料不肥。'"

(2)人无横财不富，马无野草不肥

明臧懋循《元曲选·相国寺公孙合汗衫杂剧》："人无横财不富，马无野草不肥。我陈虎只因看上了李玉娥，将他丈夫撺在黄河里淹死了。"

人衔枚，马摘铃

［释义］人嘴里含着木棍，马戴的铃铛被摘了下来，比喻行动非常隐秘。枚：古代行军时士卒含在嘴里用来禁止出声的木棍。

［用例］明冯梦龙《东周列国志》二回："乃暗传号令，人衔枚，马摘铃，是夜拔寨都起。"

［用法］作宾语、插入语，单独成句。

［异文］人衔枚，马勒口

明罗贯中《三国演义》三〇回："军士皆束草负薪，人衔枚，马勒口，黄昏时，望乌巢进发。"

人有失手,马有漏蹄

[**释义**] 人偶尔会有疏忽,如同马偶尔会患病,都是在所难免的,形容要谨言慎行,以防出现失误。失手:指手没有把握好,造成不好的后果;漏蹄:马驴骡常见的一种蹄病。失手、漏蹄皆比喻偶尔经受的挫折。也作"马有漏蹄,牛有失脚"。

[**出处**] 宋唐慎微《证类本草 · 木部中品》:"贾相牛经:牛马有漏蹄。以紫矿少许和猪脂,内入漏处,烧铁篦烙之。"此句谚语后半句"马有漏蹄"与马的一种疾病有关。"漏蹄"有"干漏"和"湿漏"两种,是马驴骡常见的一种蹄病,多发生于一蹄,两蹄同时患病者比较少见。多在棚圈潮湿,粪尿泥泞以及蹄底钉伤、刺伤等条件下发生。由于蹄叉直接受损,机能减退,日渐腐烂而患病。

[**用例**] 刘兰芳、王印权《岳飞传》第二十八回:"这是我贪功心盛,反中了你们的诡计,我死也不服,不是我没能耐,人有失手,马有漏蹄。"刘操南等《武松演义》一四回:"俺曹正今天打一套拳。常言道:'人有失手,马有漏蹄',倘有不到之处,望各位原谅一二,不要当场见笑。"

[**用法**] 作宾语、主语,单独成句。

[**异文**] (1)人有失足,马有失蹄

李准《孟广泰老头》:"人有失足,马有失蹄。不要怕丢人。"

(2)人有失错,马有失蹄

李茂生《害不死的大舜》:"哥哥,那几回真是对不起你!俗话说:'人有失错,马有失蹄',我们把事情做错了,特来向你赔罪道歉。"

(3)人有失手,马有失蹄

杨清江《西瓜李选婿》:"好妹妹,'人有失手,马有失蹄'嘛!也许是人家一时紧张,让你给问住了。"

(4)人有失手,马有乱蹄

赵元修等《秦琼打擂》四回："常言说：'人有失手，马有乱蹄。'二虎相斗，必有一伤。是我一时失误，将你哥哥打死，我也后悔不及。"

(5)人有失足，马有漏蹄

周克芹《许茂和他的女儿们》一章六："他虽然不知道人家的'糊涂事'指的是什么，但仍充满同情地顺口说：'俗话讲"人有失足，马有漏蹄"呢！'"

(6)人有闪失，马有漏蹄

从维熙《阴阳界》："蔡桂凤叮咛他说，'人有闪失，马有漏蹄。一步迈空了，就啥都完了'！"

(7)人有失言，马有闪蹄

卞祖芳《庐山神女》："小邵，'人有失言，马有闪蹄'。言者无心，请多包涵！"

人中有吕布，马中有赤菟

［**释义**］指吕布是人中俊才，赤兔马是马中极品。吕布：东汉人，字奉先，英俊无双，骁勇善战；赤菟：东汉时吕布所骑骏马的名字，是传说中的神马。也作"马中选马看赤兔，人中选人看吕布"。

［**出处**］《后汉书·吕布传》："兵万余，骑数千匹。布常御良马，号曰赤菟，能驰城飞堑。"唐李贤等注："《曹瞒传》曰：'时人语曰：人中有吕布，马中有赤菟。'"三国时期，吕布投奔袁绍，与袁绍合力攻打张燕的军队。张燕精兵上万，骑兵上千。然而吕布与其手下健将，连战数十日就大破燕军。时人便以此语称道。

［**用例**］宋郑樵《通志·列传》："时人为之语曰：'人中有吕布，马中有赤菟。'布与其健将成廉、魏越等数十骑，驰突燕阵，一日或至三四，皆斩首而出。"清杜文澜《古谣谚·时人为吕布语》："军注引《曹瞒传》曰：'时人语曰：人中有吕布，马中有赤菟。'"

［**用法**］作宾语、主语，单独成句。

［异文］(1)人中吕布，马中赤兔

元郑德辉《三战吕布 · 醉春风》："孙坚云：'人都说甚么来？'正末云：'他道："人中吕布，马中赤兔"，一个好吕布也。'"

(2)人中吕才，马中赤兔

明罗贯中《三国演义 · 虎牢关三战吕布》："赤兔马果然是'人中吕才，马中赤兔'，人马之中，汉末两绝。"

(3)马中赤兔人中吕

清董元度《旧雨草堂诗 · 吴逆画像歌》："须髯如戟目如炬，英风勃勃上眉宇。是谁下笔生而开，马中赤兔人中吕。"

(4)马中赤兔人中布

清刘庠《徐州府志 · 古迹考》："君不见'马中赤兔人中布'，引水灌城走无路。"

人中有张飞，马中有玉追

［释义］骁勇的大将中有张飞，良驹名马中有玉追马。张飞：三国时期，蜀国大将，以勇猛著称，当时与关羽同称"万人敌"；玉追：又名乌骓马，关外名驹，千里绝群，张飞坐骑，与关羽的赤兔马齐名。

［出处］明陈耀文《天中记 · 马》："玉追，张飞有马号玉追。时歌曰：'人中有张飞，马中有玉追。'"

［用例］清杜文澜《古谣谚 · 时人为张飞玉追马歌》："时歌曰：'人中有张飞，马中有玉追。'"清陈元龙《格致镜原 · 马》："张飞有马号玉追，时歌曰：'人中有张飞，马中有玉追。'"

［用法］作宾语、主语，单独成句。

三十年学骑马，昨日被驴扑

［释义］骑了多年的马，昨日却被驴扑打，形容阴沟里翻船，老道的能手被欺负。比喻富有经验的人也会发生差错。

［用例］南唐释静、南唐释筠《祖堂集·后踈山和尚》："侍者云：'去也。'投子云：'三十年学骑马，昨日被驴扑。'"

［用法］作宾语、主语，单独成句。

［异文］(1)三十年学骑马，今日被驴扑

南唐释静、南唐释筠《祖堂集·后踈山和尚》："老宿云：'老大人住处也不识。'师云：'三十年学骑马，今日被驴扑。'"

(2)学得马骑被驴扑

宋李之仪《姑溪居士集·赞铭》："至今儿孙满天下，伸头缩头如鸖鹤，捩转嘴面有商量，学得马骑被驴扑。"

(3)三十年弄马骑，今日被驴扑

宋普济《五灯会元》卷十三："师曰：'三十年弄马骑，今日被驴扑。瞎汉参堂去。'问：'从上诸圣，向甚么处去？'"

(4)三十年弄骑马，今日被驴扑

明如惺《大明高僧传·习禅篇》："琫笑曰：'三十年弄骑马，今日被驴扑。'"

(5)二十年弄马骑，反被驴扑

明王世贞《弇州山人四部续稿·文部》："王中丞如张所谓：'二十年弄马骑，反被驴扑者。'"

三羊五马，马子离群，羊子无舍

[释义] 马殷、杨行密死后，楚国有五位君主，吴国有三位君主，两国会遭受灭国之灾，百姓将无国无家，表露了百姓对吴国、楚国统治的不满。三羊：杨渥、杨隆演、杨溥。五马：马希声、马希范、马希广、马希萼、马希崇。

[出处] 宋路振《九国志·庞巨曦》："吾入境来，闻童谣曰：'三羊五马，马子离群，羊子无舍。'自今以往，马氏当五主，杨氏当三主。后皆如其言。"此条谚语有这样一个背景。容州刺史庞巨曦善于利用星象占定人事吉凶祸福。有人问他楚国与吴国国运。庞巨曦道："我来长沙时，听到有童谣在唱：'三羊五马，马子离群，羊子无舍。'意在说，马氏还有五位君主，杨氏还有三位君主。"后来，马殷死后，楚国经马希声、马希范、马希广、马希萼、马希崇五位君主，被南唐大将边镐所灭；而吴国自杨行密死后，经杨渥、杨隆演、杨溥三位君主，政权被李昪篡夺。

[用例] 宋叶廷珪《海录碎事·谶记门》："五代童谣曰：'三羊五马，马子离群，羊子无舍。'后淮南荆南国祚应之。"清梁廷楠《南汉书·卢庞刘曲列传》："吾入境闻童谣曰：'三羊五马，马子离群，羊子无舍。'马氏当五主，羊氏当三主，盖定数也。后亦如所言，贞明中卒，年七十六。"

[用法] 作宾语、主语，单独成句。

[异文] 三羊五马，马离群，羊无舍

宋欧阳修《五代史记·楚世家》："景遣边镐入楚，尽迁马氏之族于金陵。"清彭元瑞注："童谣曰：'三羊五马，马离群，羊无舍。'自今以后，马氏当五主，杨氏当三主，后竟如其言。"

上马管军，下马管民

［释义］比喻人重权在握，既掌管军队，又管理百姓。

［用例］元施耐庵《水浒传》一二回："原来北京大名府留守司，上马管军，下马管民，最有权势。那留守唤作梁中书，讳世杰，他是东京当朝太师蔡京的女婿。"

［用法］作宾语、定语，单独成句。

［异文］上管军，下管民

明天然痴叟《石点头》卷九："单说这节度使镇守一方，上管军，下管民。文官三品以下，武官二品以下，皆听节制。"

射人先射马，擒寇先擒王

［释义］要想射倒人，一定要先射倒他骑的战马；要瓦解敌军，就要先擒拿首领。形容做事情要抓住要害，抓住主要矛盾。

［出处］唐杜甫《前出塞九首》："挽弓当挽强，用箭当用长。射人先射马，擒寇先擒王。杀人亦有限，列国自有疆。苟能制侵陵，岂在多杀伤。"

［用例］宋晁说之《晁氏客语》："射人先射马，擒寇先擒王，用兵之法也。"宋李昉《文苑英华·出塞》："挽弓当挽强，用箭当用长。射人先射马，擒寇先擒王。"

［用法］作宾语、主语，单独成句。

［异文］(1)射人先射马，擒贼先擒王

宋牟巘《陵阳集·跋陈忠肃公遗墨》："但愿刘氏之安，不愿囡子之祸，则其词气愈厉，身尔忘家，国尔忘私，盖可敬而仰也。射人先射马，擒贼先擒王。"

(2)射人先射马,擒贼必擒王

宋徐自明《宋宰辅编年录·崇宁元年》:"瓘使答之曰:'杜诗所谓"射人先射马,擒贼必擒王。"不得自已也。'"

(3)射人先射马,擒贼必擒头

清杜文澜《古谣谚·又引谚论射法》:"射人先射马,擒贼必擒头,射经头作王。"

(4)射人先射马,禽贼当禽王

清徐乾学《古文渊鉴·与留丞相书》:"语曰:'治水不自其原,末流弥增其广。'又曰:'射人先射马,禽贼当禽王。'盖虑此也。"

瘦马不渡渑水

[释义] 瘦弱的马不能渡渑水,形容渑水水流湍急,也作"疲马不渡渑"。

[出处] 宋郑樵《通志·地理略》:"渑水,杜云:出临淄北,经乐安博昌县南界。入时水其流急。故谚云:'瘦马不渡渑水。'"

[用例] 清杜文澜《古谣谚·渑水谚》:"瘦马不渡渑水。"清许鸿磐《方舆考证》卷二十:"《寰宇记》:'渑水'一名'阳水'。《风俗通》云:'瘦马不渡渑水',言渑水之急也。"

[用法] 作宾语、主语,单独成句。

[异文] (1)疲马不渡渑水

元熊忠《古今韵会举要》卷十四:"渑,渑也,县名,在河南府,又水名。《通志》云:'出临淄北,经乐安博昌县南入时水,其流急,谚云:"疲马不渡渑水。"'"

(2)渑水不冰,瘦马不渡

明李贤《明一统志》卷二十四:"古谓'渑水不冰,瘦马不渡'者即此,非临淄县之渑水也。淄水在府城西五十里,源出泰安州莱芜县,原山流达临淄,至寿光县入济水。"

(3)瘦马不渡渑

明冯惟讷《嘉靖青州府志》卷六:“古谚谓:‘瘦马不渡渑’,指此也。”

瘦死的骆驼比马大

[释义] 骆驼瘦死了也比马要大。比喻在一方面有能耐的人,即使在这方面突然到了穷困的地步,也比一些在这方面刚出炉的人强。也作“饿死的骆驼比马大”。

[用例] 清曹雪芹《红楼梦》第六回:“后来听见给他二十两,喜的又浑身发痒起来,说道:‘嗳,我们也知道艰难的,但俗语说的瘦死的骆驼比马大,凭他怎样,你老拔根寒毛比我们的腰还粗呢!’”

[用法] 作宾语、主语,单独成句。

书中车马多如簇

[释义] 书本中的车马非常多。比喻读了书就可以做官,做了官就有许多车马簇拥着自己。簇:聚集。

[用例] 元高明《元本〈琵琶记〉校注》第十八出:“安居不用架高堂,书中自有黄金屋。娶妻莫恨无良媒,书中有女颜如玉。出门莫恨无人随,书中车马多如簇。”明高拱《本语》卷六:“偶过一学究,见其壁上有宋真宗劝学文,云:‘书中自有黄金屋,书中自有千钟粟,书中车马多如簇,书中有女颜如玉。’”

[用法] 作宾语、主语,单独成句。

素车白马缪文雅

［释义］缪文雅常常驾着简单装饰的车，乘着白马出游。缪文雅：缪斐，字文雅，东汉儒生，自标清高。

［出处］宋李昉《太平御览·谚下》："缪斐，字文雅，代修儒学，继踵六博士，以经行修明学士称之，故时人谓之语曰：'素车白马缪文雅。'"

［用例］清桂馥《札朴·曹全碑》："天下模楷李元礼，关西夫子杨伯起，说经铿铿杨子行，素车白马缪文雅。"

［用法］作谓语、宾语、主语，单独成句。

虽鞭之长，不及马腹

［释义］鞭子虽然长，但是不应该打在马肚子上。比喻即使有力量，也不能用在不该用的地方，后来形容能力、力量有达不到的地方。马腹：马肚子。也作"马鞭虽长，不及马腹"。

［出处］《左传·宣公十五年》："楚子伐宋。宋人使乐婴齐告急于晋。晋侯欲救之。伯宗曰：'不可！古人有言曰："虽鞭之长，不及马腹。"天方授楚，未可与争。虽晋之强，能违天乎？'"此谚语背景如下。公元前595年，楚国攻打宋国，宋向晋求救。君臣在讨论是否援宋时，晋大夫伯宗规劝晋景公放弃援助宋国，认为楚国灭掉宋国是天意所在，即使晋国有能力帮助宋国，也不能违背上天的意思。

［用例］唐徐坚《初学记·鞭》："书曰：'鞭作官刑，此则施于民也。'传曰：'左执鞭弭。'又曰：'虽鞭之长，不及马腹。'此则施于马也。其后以竹代革故策箠二文又并从竹。"清杜文澜《古谣谚·伯宗引谚》："宋人使乐婴齐告急于晋，晋侯欲救之。伯宗曰：'不可！古人有言曰："虽鞭之长，不及马

腹。”天方授楚,未可与争。虽晋之强,能违天乎?’”

[用法]作宾语、主语,单独成句。

[异文](1)马鞭虽长不及腹

宋葛胜仲《丹阳集·和陈简斋韵》:“马鞭虽长不及腹,山林朝市两角逐。华堂谁挂元吉獐,坐使朱门变林谷。龙章凤姿自有种,山野头颅未为辱。”

(2)鞭长不及马腹

宋陈仁子《文选补遗·立南粤王诏》:“若穷征远伐变不旋踵,恐鞭长不及马腹。天下匈,匈非吾有也。隋攻高丽,而江都之盗乘之;唐攻南诏,而渔阳之叛乘之。”

他弓莫把,他马莫骑

[释义]别人的弓不要握,别人的马不要骑,指为人要守本分,不属于自己所有,不可贪恋把持。莫:不要;把:握持,执。

[用例]明瞿汝稷《指月录·酬答法要》:“又云:‘他弓莫把,他马莫骑,他人之事莫知。’此虽常言,亦可为入道之资粮。”

[用法]作宾语、主语,单独成句。

[异文](1)他妻莫爱,他马莫骑

明罗贯中、明冯梦龙《平妖传》第二十四回:“岂不闻古人云:‘他妻莫爱,他马莫骑。’怎的路途中遇见个有颜色的妇女便生起邪心来。”

(2)他弓莫挽,他马莫骑

明范受益《寻亲记》下:“畜类奸谋辈。为富不仁不义。论他弓莫挽,他马莫骑。我自思家贫貌美。”

(3)他财莫要,他马莫骑

《三刻拍案惊奇》第二十六回:“若便吴君无意于妇人,棍徒虽巧,亦安能诓骗得他?只因贪看妇人,弄出如此事体,岂不是一个好窥良家妇女的明鉴?古人道得好:‘他财莫要,他马莫骑。’”

贪了别人马,失却自家牛

［释义］比喻贪图了别人的一点好处,反把自己贵重的东西丢掉了。

［用例］清里人何求《闽都别记》二九三回:“怪的是他局迷汝们,汝们会齐来局我。放他出去,贪了别人马,还不知失却自家牛也!”

［用法］作主语、宾语,单独成句。

天用莫如龙,地用莫如马

［释义］反映了西汉汉武帝时期的货币铸造及使用状况:皇室使用圆形龙币,下一级使用方形马币。

［出处］《史记·平准书》:“又造银锡为白金。以为‘天用莫如龙,地用莫如马,人用莫如龟’。故曰‘白金三品’。”此谚语背景如下。汉武帝即位后,连年发起对匈奴的征伐,先后派卫青、霍去病等将领向漠北开疆拓土,国家财政日渐困窘,军费开支庞大。朝廷与拥有大量财富的诸侯们的矛盾日益尖锐化,于是武帝听从张汤的建议进行货币改制,发行三铢钱,同时铸造“白金三品”,以此来削弱诸侯的实力,强化中央集权。“白金三品”是以龙、马、龟为纹样的三种形式钱币的总称。圆形龙币,又名白选、白馔,圆形而有龙纹,重八两,值三千;方形马币,方形而有马纹,重六两,值五百;椭圆形龟币,币形像龟,以龟甲为币文,重四两,值三百。

［用例］元虞集《道园学古录·御马五云骥图赞》:“传曰:‘天用莫如龙,地用莫如马。’”

［用法］作宾语、主语,单独成句。

［异文］(1)天行莫如龙,地用莫如马

明茅元仪《武备志·军资乘马》:“茅子曰:‘天行莫如龙,地用莫如马。’

诚然哉!”

(2)大用莫如龙,地用莫如马

元梁寅《策要·钱币》:“贾谊谏,有五祸七福之说。不听,武帝以为:‘大用莫如龙,地用莫如马,人用莫如龟。’”

(3)地用莫如马,人用莫如龟

清毕振姬《西北文集·图书疑》:“地用莫如马,人用莫如龟。有体有用,有本有末。”

童牛角马,不今不古

[释义]比喻不伦不类的东西,也比喻违反常理,不可能存在的事物。童牛:无角之牛;角马:头上长角的马。

[用例]清皮锡瑞《经学通论》:“陈奂疏毛氏《传》亦从段说,岂非‘童牛角马,不今不古’者乎?”清陈本礼《太玄阐秘》卷三:“童牛角马,不今不古。牛本有角而今忽无,马本无角而今忽有,皆反常之事。”

[用法]作谓语、宾语、主语,单独成句。

偷马的倒走掉了,反拴着一个骑驴的

[释义]比喻该受罚的跑了,却由无辜的人来顶罪。

[用例]清王俊卿《冷眼观》二六回:“是赶紧解铃还着系铃人。从前同什么人结的冤业,如今仍叫什么人同他去解呀,好免得把偷马的倒走掉了,反拴着一个骑驴的人来无辜受累啊!”

[用法]作主语、谓语、宾语,单独成句。

万马争先,骅骝落后

[**释义**] 万马争先恐后地奔驰,偏偏是骏马落在后面。比喻有才智者反而处于不利境地。骅骝:赤红色的骏马,周穆王的“八骏”之一,常指代骏马。

[**用例**] 明汤显祖《还魂记》下:“(丑)不多,有三个了。(生)万马争先,偏骅骝落后。你快禀,有个遗才状元求见。”明汤显祖《牡丹亭·耽试》:“(生)万马争先,偏骅骝落后。你快禀,有个遗才状元求见。”

[**用法**] 作宾语、主语,单独成句。

韦英房,梁芳马,尚铭银子似砖瓦。滕太监房,麦太监马,高太监金银似砖瓦

[**释义**] 韦英建造的府第豪华盖世,梁芳畜养的名马十分健壮,尚铭搜刮的金银多得像砖瓦一样。滕太监府第奢华,麦太监名马满厩,高太监金银多得如同砖瓦。讽刺明朝宦官专政时期腐败黑暗的社会现象。

[**用例**] 清褚人获《坚瓠集·都下谚》:“成化间,都下谚云:‘韦英房,梁芳马,尚铭银子似砖瓦。’嘉靖闻都下又有谚云:‘滕太监房,麦太监马,高太监金银似砖瓦。’”此条谚语反映了明朝宦官专政的现象。成化年间,由于明宪宗耽于逸乐,不问政事,所以宦官得势,太监专权,聚敛财物,贪婪成性。韦英、梁芳、尚铭,三人都是明成化年间得宠的宦官。滕太监,滕祥,司礼监太监;麦太监,麦福,掌司礼监印;高太监,高忠,御马监太监。清于敏中《日下旧闻考·杂缀》:“韦英房,梁芳马,尚铭银子似砖瓦。嘉靖间都下又有谚云:‘滕太监房,麦太监马,高太监金银似砖瓦。’”

[**用法**] 作宾语、主语,单独成句。

乌头白，马生角

［**释义**］乌鸦的头变白，马长出角来，比喻不可能实现的事情。乌：乌鸦。

［**出处**］《史记·刺客列传》："丹求归，秦王曰：'乌头白，马生角，乃许耳。'"战国末年，燕国太子丹在秦国当人质，与秦王发生冲突被囚禁起来，太子丹请求放他回国。秦王说："乌头白，马生角，乃许耳。"太子丹只好仰天长叹。可能是上天有眼，牢房外飞来一只白头乌鸦，秦王只好遣送太子丹回国。

［**用例**］宋李昉《太平御览·马》："丹质于秦，秦王遇之无礼，欲求归。王曰：'乌头白，马生角'，乃许尔归。丹仰天而叹。乌即头白，马即生角。秦王乃放归。"晋张华《博物志》卷五："燕太子丹质于秦，秦王遇之……欲归，请于秦王，王不听，谬言曰：'令乌头白，马生角乃可。'"

［**用法**］作宾语、定语、主语，单独成句。

［**异文**］（1）乌白头，马生角

汉王充《论衡·感虚篇》："秦王执留之，与之誓曰：'使日再中，天雨粟，令乌白头，马生角，厨门木象生肉足，乃得归。'"

（2）乌头白，马角生

陈天华《论中国宜改创民主政体》："不革命而能行改革，乌头可白，马角可生，此事断无有也。"

无马狗拉犁

［**释义**］没有马就用狗牵犁耕田，比喻把不够条件的硬拉来凑数，也比喻出于无奈，退而求其次。

［用例］清张南庄《何典》第十回："老话头：无马狗拉犁。狗尚可当马用，驴子倒怕不如着狗。"

［用法］作宾语、主语，单独成句。

［异文］无牛捉了马耕田

周立波《山乡巨变》下一："'好比何来？'亭面糊学着乡里说书的人的口气。'好比无牛捉了马耕田，好比蜀中无大将，廖化作先锋。'"

相逢不下马，各自奔前程

［释义］因目标不一致而各奔各的前程，各干各的事情。

［用例］元施惠《月亭记》卷一："军情怎敢暂留停，即便驰驱往上京。正是相逢不下马，从今各自奔前程。"明范受益《寻亲记》下："相逢不下马，各自奔前程。"

［用法］作宾语、主语，单独成句。

［异文］将军不下马，各自奔前程

明吴承恩《西游记》第五十四回："我们如今招的招，嫁的嫁，取经的还去取经，走路的还去走路，莫只管贪杯误事。快早儿打发关文。正是：'将军不下马，各自奔前程。'"

相马失之瘦，选士失之贫

［释义］挑选良马时，会因其瘦弱的外表而将其忽视；选拔人才时，会因其家庭的贫穷而将其忽视。指观察人或事物，不能只看表面，要深入、客观地看清其内在本质。相：查看、考察。

［出处］春秋战国辛钘《文子·上仁》："相马失之瘦，选士失之贫。豚肥充厨，骨骴不官。君子察实，无信谗言。君过而不谏，非忠臣也；谏而不听，

君不明也。”

［用例］宋杜道坚《文子缵义·上仁》：“若内之渊，言古者以疾今也。相马失之瘦，选士失之贫。豚肥充厨，骨赀不官。”

［用法］作宾语、主语，单独成句。

［异文］（1）相马失之瘦，相公失之贫

宋谢维新《事类备要·服饰门》：“谚曰：‘相马失之瘦，相公失之贫。’此之谓也。解绶以带，李世与任光同奉世祖。”

（2）相马失之瘦，相士失之贫

《史记·滑稽列传》：“衣褐怀宝者也。索隐此指东郭先生也。其言身衣褐而怀宝玉也。当其贫困时，人莫省视，至其贵也，乃争附之。谚曰：‘相马失之瘦，相士失之贫。’其此之谓。”该异文背后有如下故事。汉武帝时，东郭先生以一妙计授予卫青，引起皇上的注意，得到皇上的赏识，被封为郡都尉。在他贫困时，大家都不理睬他，才能、谋略因为他出身的贫贱而被忽视；等到他显达富贵后，人们就争着去依附他。东郭先生就是身穿粗布衣服，怀里却揣着珍宝的人，是真正有才能、有谋略的人。

相马以舆，相士以居

［释义］看马的优劣，要看它拉车的本领；看人的品德好坏，要看他平常为人处世的方式。也有人认为，“居”指的是住处，整句谚语说的是，看马的好坏，要看它所拉的车的质量；看人品德的好坏，要看他住处环境的好坏。比喻从客观条件的优劣和周围风气的好坏就能看出人的志向、品德。相：查看、考察；舆：车。

［出处］《孔子家语·子路初见》：“孔子曰：‘里语云：“相马以舆，相士以居”，弗可废矣。以容取人则失之子羽，以辞取人则失之宰予。’”

［用例］宋苏辙《古史·孔子弟子列传》：“宰我有文雅之词而智不充其辩。孔子曰：‘里语云：“相马以舆，相士以居”，弗可废矣。’”明陆时雍《古诗

镜·谐语》:“相马以舆,相士以居。”

［用法］作宾语、主语,单独成句。

［异文］(1)相马以舆,相士以车

唐李贺《马诗二十一》:“欲求千里脚,先采眼中光。”清丘象随解:“欲用人先知人,知人不可学。故相马以舆,相士以车。”

(2)相马以舆,观臣以主

清张鸣珂《国朝骈体正宗续编·王昙》:“语曰:‘相马以舆,观臣以主。’此良士始入京师,逡巡趦趄于时相之门者,岂期扫门。”

小马乍行嫌路窄,雏莺初舞恨天低

［释义］初生马儿刚走路就嫌道路狭窄,刚出生的鸟儿刚开始飞舞就嫌弃天空太低。比喻年轻人刚见世面,自命不凡,不知天高地厚。乍:刚,起初;雏:幼小的,多指鸟类。也作“小马乍行嫌路窄,雏鹰初舞恨天低”“小马乍行嫌路窄,大鹏展翅恨天低”。

［用例］清吴璿《飞龙全传》第四十四回:“你这冤家,分明是小马乍行嫌路窄,雏莺初舞恨天低。你岂是他的敌手,惟有送死而已!”

［用法］作宾语、主语,单独成句。

［异文］小马儿乍行嫌路窄,雏莺初舞恨天低

清文康《儿女英雄传》第三十三回:“安老爷冷笑道:‘他有多大的学力福命,敢说这等狂妄的满话!’安太太道:‘这可就叫作“小马儿乍行嫌路窄,雏莺初舞恨天低”了!’”

心急马行迟

[释义] 急于去办某事的人,总觉得马走得慢,形容人心情急切。

[出处] 宋辛弃疾《武陵春·走去走来三百里》:“走去走来三百里,五日以为期。六日归时已是疑。应是望多时。鞭个马儿归去也,心急马行迟。不免相烦喜鹊儿。先报那人知。”

[用例] 元高文秀《襄阳会》一:“则怕你意忙船去慢,心急马行迟,休寻入地窟,则要寻觅他那上天梯。”

[用法] 作宾语、主语,单独成句。

心相怜,马首圆

[释义] 心里喜爱,即便是长长的马脸,也会认为是圆脸。比喻相爱之人眼中总是能看到对方的优点。怜:怜爱;首:头。

[出处] 宋秦观《淮海集·眇倡传》:“心相怜,马首圆。以京师之大,是岂知无我俪者?遂行。抵梁,舍于滨河逆旅。”此条谚语背后有这样一个故事。吴地有个瞎了一只眼的娼妓,生活贫困,不能养活自己,于是计划和鸨母一起往西到京城去。有人劝阻她说:“身为娼妓,又瞎了一只眼睛,到天下美色集中的地方,必定会在沟壑中死去腐烂的。”娼妓说:“谚语说:‘只要心里喜欢,马脸也会觉得圆。’京师那么大,怎么知道就没有和我匹配的人呢?”娼妓到达汴梁,住在河边的旅馆里。一天,有个年轻人带领着随从从黄河边上来,看到娼妓后非常喜欢她,真心实意对待她,无微不至地照顾她。有个书生嘲笑他,说他“和用一只眼瞄准射箭的人相处”。年轻人生气地说:“自从我得到了这个人,回过头来看世上的女子,没有一个不是多了一只眼睛的。好的眼睛,有一只就足够了,多了又有什么用!”

［用例］清胡文学《甬上耆旧诗·杂唱》:“君不见杯水覆堂难再收,天上之路终悠悠。君不见中心相怜马首圆,世间万事皆徒然。朗吟长啸暮复旦,对酒牢骚旦及旰。”清王初桐《奁史·头面属》:“娼曰:‘谚有之:“心相怜,马首圆”,以京师之大,岂知无我俩者?’”

［用法］作宾语、主语,单独成句。

心猿不定,意马四驰

［释义］心志就像猴子跳、马奔跑一样控制不住。比喻人的心思流荡散乱,像猿马一样难以控制。心、意:心志、思想;驰:奔跑。也作“心猿不定,意马难收”。

［用例］宋陈泥丸《翠虚篇》:“气入丹田养白鸦,斯时方曰结黄芽。如其心猿不定,意马四驰,则神气散乱于外。”

［用法］作宾语、主语,单独成句。

［异文］(1)心猨不定,意马四驰

清翟灏《通俗编·性情》:“心猨意马,《参同契注》:‘心猨不定,意马四驰。’”

(2)心猿放荡,意马难收

明冯梦龙《警世通言·玉堂春落难逢夫》:“却说公子进了书院,清清独坐,只见满架诗书,笔山砚海,叹道:‘书呵!相别日久,且是生涩……欲待读书,心猿放荡,意马难收。’”

羊马年,广种田

［释义］羊年马年的时候,一般风调雨顺,要多多种田。表达了民间对羊马年的良好愿景,是否具有科学依据,有待考证。也作“羊马年,管种田”。

［用例］明李开先《李中麓闲居集·挽李愚谷二首》："丰稔连逢羊马年，谚云：'羊马年，广种田。'"明冯惟敏《冯惟敏全集·辞署县印》："正遇着羊马年，广种田，多收些丝绢，俺子待按四季纳钱粮，也不署那亲临的州县。"

［用法］作宾语、主语，单独成句。

［异文］(1)羊马年，好种田

清祁寯藻《祁寯藻集·农谚》："过了冬，长一针；过了年，长一线。羊马年，好种田。"

(2)牛马年，多利田

丁世良、赵放《中国地方志民俗资料汇编·新河县志》华北卷："牛马年，多利田。"

(3)羊马年，多种田

民国二十五年《无极县志》："羊马年，多种田。"

(4)牛马年，好种田

民国二十年董天华《卢龙县志》："牛马年，好种田。准备猪猴那二年。"

养痴奴，乘羸马

［释义］养奴仆要用老实的、不机灵的，骑马要骑瘦弱的。旧时认为，奴仆太精明会恃宠而骄，恣意生事，招致祸患；马匹太俊美有力，容易撒野。羸：瘦弱。

［用例］明张萱《西园闻见录·婢仆》："故便捷之仆虽暂得其资助，快我心意。日后悖宠，骄恣生事，贾祸卒致，败坏家业，玷污名节，其害可胜言哉。谚云：'养痴奴，乘羸马'，此言虽小，可以喻大。"清杜文澜《古谣谚·湛氏引谚论僮仆》："日后悖宠，骄恣生事，贾祸卒致，败坏家业，玷污名节，其害可胜言哉……此言虽小，可以喻大。养痴奴，乘羸马。"

［用法］作宾语、主语，单独成句。

一马不行百马忧

［释义］一匹马不行走，会影响一群马；一个人或一件小事，最终可能会影响到群体的行为。比喻做事情不能只顾眼前利益，而是要顾全大局。

［用例］明佚名《增广贤文》："一家有女百家求，一马不行百马忧。有花方酌酒，无月不登楼。"李六如《六十年的变迁》第十章："'一马不行百马忧'，只要你们这班带个头，大家就会跟着上工的。"

［用法］作宾语、主语，单独成句。

［异文］一马不行百马休

清熊笏《中风论 · 论轻重》："所谓'一马不行百马休'也。所以中风之后，往往多滞钝之病。虽平生极性急爽利之人，亦变而为迂柔宽缓。"

一马不跨双鞍

［释义］比喻一女不嫁二夫。

［用例］元王实甫《西厢记》下："不得'一马不跨双鞍'，可怎生父在时曾许下我，父丧之后母却悔亲这个道理。"此谚语背后有这样一个故事。元朝时期，家贫如洗的书生孟志刚死后，妻子衣氏没有生育，叫木匠把棺木做大一些。她把家里的物品都送给邻居，祭奠完丈夫后，就向邻居表示，一马不跨两鞍，死也要与丈夫同棺共穴，说完自尽身亡。《元史 · 列女传》："衣氏，汴梁儒士孟志刚妻。志刚卒，贫而无子，有司给以棺木。衣氏给匠者曰：'可宽大其棺，吾夫有遗衣服，欲尽置其中。'匠者然之。是夕，衣氏拒鸡黍祭其夫，家之所有悉散之邻里及同居王媪，曰：'吾闻一马不被两鞍，吾夫既死，与之同棺共穴可也。'遂自刭死。"

［用法］作宾语、谓语、定语、主语，单独成句。

［异文］一马不跨两鞍

元关汉卿《窦娥冤》第二折："我'一马不跨两鞍'，想男儿在日，曾两年匹配，却叫我改嫁别人，其实做不得。"

一马两车茨子河

［释义］用一匹马驾两辆车的人是茨充，赞扬茨子河助人为乐的精神。茨子河：汉时人名，姓茨名充，字子河。

［出处］汉刘珍《东观汉记·茨充》："茨充，字子河……初，举孝廉，之京师，同侣马死，充到前亭辄舍车持马还相迎，乡里号之曰：'一马两车茨子河。'"茨充被举荐为孝廉时，赶往京都。同伴的马突然死亡，茨充乘车走到前边的亭子，将自己的车舍弃了，牵着马返回来找同伴，两人同乘一辆车继续前行。

［用例］《后汉书·循吏列传》："同侣马死，充到前亭，辄舍车持马还相迎，乡里号之曰'一马两车茨子河'也。"宋王钦若《册府元龟·义》："茨充，字子河。初，举孝廉，之京师，同侣马死……乡里号之曰：'一马两车茨子河。'"

［用法］作宾语、主语，单独成句。

一匹马，走天下。骑马谁？大耳儿

［释义］指明末两大奸臣马世英、阮大铖，表现了百姓对奸臣乱世的不满。一匹马：指的是马士英；大耳儿：指的是阮大铖。

［出处］明刘城《峄桐诗集·乙酉春童谣》："一匹马，走天下。骑马者谁？大耳儿。"此条谚语讲述的是明末两大奸臣。清军入关后，福王朱由崧逃至南京称帝，建立南明小朝廷，偏安一隅，改国号"弘光"。佞臣马士英，权

倾一时,恣意弄权,起用阮大铖为兵部右侍郎,不久晋为兵部尚书。二人都是奸臣。

[**用例**] 清桑霧直《字触补 · 马阮谣》:"一匹马,走天下。骑马谁?大耳儿。指士英、阮大铖也。"清朱彝尊《明诗综 · 南京童谣》:"一匹马,走天下。骑马谁?大耳儿。"

[**用法**] 作宾语、主语,单独成句。

一言易失,驷马难追

[**释义**] 一句话很容易说出口,但是用套上四匹骏马拉的车也很难追回。指话说出口就不能再收回,一定要讲信用。驷马:古代用四匹马拉的车。

[**出处**]《论语 · 颜渊》:"子贡曰:'惜乎!夫子之说君子也,驷不及舌。'"何晏集解引郑玄曰:"过言一出,驷马追之不及。"

[**用例**] 唐道宣《续高僧传 · 译经篇》:"君子剧谈,幸无谑论。一言易失,驷马难追。斯文诫矣,深可慎哉。"唐慧净《析疑论》:"一言易失,驷马难追。斯文诫矣,深可慎哉。"

[**用法**] 作宾语、谓语、主语,单独成句。

[**异文**] (1)一言已出,驷马难追

宋普济《五灯会元 · 智门祚禅师法嗣》:"师曰:'一言已出,驷马难追。'僧礼拜师曰:'放过一着。'"

(2)一言出口,驷马难追

宋欧阳修《欧阳文忠公集 · 驷不及舌说》:"俗云:'一言出口,驷马难追。'《论语》所谓:'驷不及舌'也。若较其理,即俗谚为是。然则泥古之士,学者患之也。"

(3)一言之失,驷马难追

宋施子美《施氏七书讲义 · 唐太宗李卫公问对》:"一言之失,驷马难追。

故不问不言,盖不可。以言而言,是以言餂之也。"

(4)一言既出,驷马难追

元高则诚《蔡伯喈琵琶记》卷上:"受人之托,必当终人之事。况一言既出,驷马难追。昨日已去,秀才去后决不相误。"

(5)一言既发,驷马难追

元行秀《从容庵录·洞山无草》:"一言既发,驷马难追。石霜云:'出门便是草,自看脚下。'"

(6)大丈夫一言既出,驷马难追

明澹圃主人《大唐秦王词话》第三十四回:"你原说有了刘王首级便肯降唐,大丈夫一言既出,驷马难追。"

(7)君子一言既出,驷马难追

清鸳湖渔叟《说唐全传》第四十八回:"将首级照着乔公山劈面打来。乔公山慌忙闪过便道:'将军,自古道君子一言既出,驷马难追。将军有言在先,说主公死了即便归唐。'"

(8)一词轻发,驷马难追

清郑端《政学录·居官立政》:"一词轻发,驷马难追。故寡言者,存心养气,修德蓄威之助也。三缄之,喻君子慎之。"

以牛为马,以马为牛

[**释义**] 把牛指为马,把马指为牛,形容故意颠倒是非。

[**出处**]《吕氏春秋·审分》:"此五者皆以牛为马,以马为牛,名不正也。故名不正则人主忧劳勤苦,而官职烦乱悖逆矣。国之亡也,名之伤也。"

[**用例**] 清杜文澜《古谣谚·高诱引里谚》:"不正其名,不分其职,而数用刑罚,乱莫甚焉。夫赞以洁白,而随以污德。皆以牛为马,以马为牛。名不正也。高注云:'以污秽之德,随洁白之踪。'"清马骕《绎史·吕不韦相秦下》:"任以公法而处以贪枉,用以勇敢而堙以罢怯,此五者皆以牛为马,以马

为牛,名不正也。故名不正则人主忧劳勤苦,而官职烦乱悖逆矣。”

［用法］作谓语、宾语、主语,单独成句。

以书为御者,不尽于马之情;以古制今者,不达于事之变

［释义］仅仅依靠书本上的知识来驾驭马,不能完全发挥马的作用;用古代法规制度来判断、裁定现状,往往不能适应事情的变化。比喻不能墨守成规,用一成不变的眼光来看待千变万化的事物,要从实际出发。御:驾驭;制:裁断、治理。

［用例］《战国策·赵策二》:“故圣与俗流,贤与变俱。谚曰:‘以书为御者,不尽于马之情;以古制今者,不达于事之变。’”此谚语与战国时期的一则故事有关。战国时,赵国国君赵武灵王进行军事改革,推行“胡服”,提倡学习骑射,把士大夫家养奴隶送到边界垦荒。这些改革遭到以公子成为首的保守势力的激烈反对。公子成称病不上朝,拥护改革的只有大臣肥义。赵武灵王派人去说服公子成,提出:法制有一定之规,总以利民为原则;政治有一定之规,总要令出而行,并引谚:“以书为御者,不尽于马之情;以古制今者,不达于事之变。”认为古代的旧法已不适合当今的世道。经过争论,赵武灵王说服了反对派,推行改革,使国势大振。

［用法］作宾语、主语,单独成句。

［异文］以书为御者,不尽马之情;以古制今者,不达事之变

明徐元太《喻林·通变》:“圣与俗流,贤与变俱。谚曰:‘以书为御者,不尽马之情;以古制今者,不达事之变。’故循法之功,不足以高世。法古之学,不足以制今。”

殷惑女妲己，玉马走

［释义］殷纣王被一女子妲己迷惑，贤臣微子启失望奔走，另谋贤主。玉马：祥瑞之器，比喻贤臣，此处特指微子启。

［用例］清杜文澜《古谣谚·殷末玉马谣》："《论语纬》：'殷惑妲己，玉马走。'宋均注云：'女妲己，有美色也。玉马，喻贤臣奔去也。'"此条谚语反映的是殷纣王时期的故事。殷纣王无道，此谚语以玉马骏奔，表达微子启的离去。商朝的最后一位君王是纣王，沉迷于与美女妲己寻欢作乐，荒废朝政，滥用重刑，百姓怨声载道。贤臣微子启，忠心耿耿，多次劝谏无果，最终离开殷纣王，投奔周武王。

［用法］作宾语、主语，单独成句。

［异文］(1)纣惑妲己，玉马走

南朝梁任昉《百辟劝进今上笺》："皇天后土，不胜其酷，是以玉马骏奔，表微子之去。"张铣注："酷，当痛也。纣惑妲己，玉马走宋。宋，谓微子开于宋也。玉马，喻贤人也，以喻东昏无道，贤人归于高祖矣。"

(2)帝惑妲己，玉马走

明冯惟讷《古诗纪·殷末谣》："帝惑妲己，玉马走。"

淫豫大如马，瞿塘不可下

［释义］滟滪堆体积之大就像一匹马，此时下水船无法顺流而下，形容瞿塘峡口独特的地理面貌。淫豫，即滟滪，指的是"滟滪堆"，位于瞿塘峡口江心的一块巨石，突兀而出，俗称燕窝石，古代又名犹豫石。

［用例］《乐府·淫豫歌》："淫豫大如马，瞿塘不可下。"明曹学佺《蜀中广记·名胜记》："《南史》云：'淫豫大如樸，瞿唐不可触。'《乐府》云：'淫豫

大如马,瞿塘不可下。'" 该句谚语反映的是"滟滪堆"在秋冬时节的景象。秋冬时节,江水干枯,"滟滪堆"显露江心,高出江面,船可顺势而下,上水船则因水位太低,极易触礁。故言"滟滪大如象,瞿塘不可上"。夏季洪水暴发,滟滪堆大部浸入水下,在滟滪堆附近,涡流千转百回,行船下水,危险极大,稍有不慎便会船沉人亡,故言。

［用法］作宾语、主语,单独成句。

［异文］(1)滟滪大如马,瞿塘不敢下

清陈祥裔《蜀都碎事》卷一:"人云滟滪大如象,瞿塘不敢上;滟滪大如马,瞿塘不敢下。以为水候险可知矣。"

(2)滟滪大如马,瞿唐不可下

宋范成大《吴船录》卷下:"滟滪大如袱,瞿唐不可触;滟滪大如马,瞿唐不可下。"

(3)滟滪大如马,瞿塘不可下

宋乐史《太平寰宇记·山南东道》:"滟滪堆,周回二十丈,在州西南二百步,蜀江中心,瞿塘峡口。冬水浅,屹然露百余尺,夏水涨,没数十丈,其状如马,舟人不敢进……谚曰:'滟滪大如朴,瞿塘不可触;滟滪大如马,瞿塘不可下。'"

有官同做,有马同骑

［释义］有官一起做,有马一起骑。比喻有荣华富贵一起享受。

［出处］明罗懋登《三宝太监西洋记》第四十七回:"你这个恶人,岂不记得当初的誓愿:有官同做,有马同骑。今日之下,你有孤老,叫我就怨命罢。"

［用例］清李玉《麒麟阁·换锏》:"自今以后,小弟与哥哥有官同做,有马同骑,有功同建,有难同栖。牢记在心,不可违背。"清吴璿《飞龙全传》第六回:"愿自此之后,扶危济困,务要同心,持弱锄强,勿生异志。他日有官同做,有马同骑。若有非心,天神共鉴。"

［用法］作谓语、定语、宾语、主语，单独成句。

［异文］(1)有马同骑，有酒同噇

明孟称舜《酹江集·真傀儡》："哥儿们也则劝你无是无非，相亲相让，有马同骑，有酒同噇。"

(2)有福同享，有马同骑

清李海观《歧路灯》第十五回："一个盛公子、一个王相公、一个谭公子，今日在圣贤炉前成了八拜之交，有福同享，有马同骑。那个若有三心二意，叫周将军监查。"

(3)有财同享，有马同骑

清文康《儿女英雄传》第二十一："他一听海马周三这话，便把手一摆，说道：'周兄弟你这话说远了，你我兄弟们有财同享，有马同骑，你的恩人就是我的恩人。'"

(4)有官合做，有马同骑

清鸳湖渔叟《说唐全传》第五十九回："咬金道：'罗兄弟你的主见不差，表兄表弟正该如此。当初在贾柳店中拜盟的时节，有官合做，有马同骑。'"

又要马儿好，又要马儿不吃草

［释义］比喻又想把事情办得称心如意，又不想付出代价。也作"又要马儿跑，又要马儿不吃草"。

［用例］清和邦额《夜谭随录·铁公鸡》："济南某富翁性极悭吝。乡人号之曰铁公鸡，谓一毛不拔也。年五旬无子，议纳妾，价欲极廉，而又欲至美。媒笑曰：'翁所谓又要马儿好，又要马儿不吃草也。'"此谚语背后的故事如下。古时，济南地区有一富翁十分吝啬，乡里的人都称他为"铁公鸡"。这个富翁五十多岁还没有自己的孩子，想要纳个小妾，条件是人越美越好，聘礼越少越好。媒人笑着说，他这是又想马儿快快跑，又希望马儿不吃草。

［用法］作宾语、主语，单独成句。

欲得谷,马有镞

[释义] 想要收获谷子,就要在青苗长得像马耳般竖立的时候锄地。

[用例] 东汉许慎《说文解字·刀部》:“利也,从金族声。”桂馥义证:“古谚曰:‘欲得谷,马有镞’,镞谓锄头之利者。”

[用法] 作宾语、主语,单独成句。

[异文] 欲得谷,马耳镞

南北朝贾思勰《齐民要术·种谷》:“苗生如马耳则旋锄,谚曰:‘欲得谷,马耳镞。’”

远看大,是筋马;远看小,是肉马

[释义] 从远处看给人高大感觉的是“筋马”,从远处看给人瘦小感觉的是“肉马”。筋马、肉马:都是良马。

[出处] 南北朝贾思勰《齐民要术·养牛马驴骡》:“望之大,就之小,筋马也;望之小,就之大,肉马也。皆可乘致。”此条谚语讲的是挑选合适马匹的方法。“筋马”是良好的骑乘马和战马,“肉马”是良好的役用马。两者如何鉴别:“望”,指的是站在远处观察;“就”,指的是在近处观察。“筋马”作为乘骑马,体形较大,马头经常呈现昂首向上的姿态,所以远处观察给人高大的感觉。但是,“筋马”的脖子比较细,头比较小,胸围较窄,所以近处观察给人矮小的印象。“肉马”体形较矮,马头经常低垂,远远望去给人矮小的感觉,但是从近处看就会发现它脖子粗短、胸围较宽的特点,给人宽大的印象。

[用例] 明董斯张《广博物志·鸟兽》:“望之大就之小,筋马也;望之小就之大,肉马也。皆可乘致。”清阎镇珩《六典通考·马政》:“又曰:‘望之大就之小,筋马也;望之小就之大,肉马也。前视见目,傍视见腹,后视见足,骏马也。’”

［**用法**］作宾语、主语，单独成句。

云行东，车马通；云行西，马溅泥

［**释义**］云向东行，不下雨，车马可通行；云向西行，下小雨，马儿奔跑起来可以溅起泥巴。反映了由云的行走方向，可以推断出天气情况。

［**出处**］东汉崔寔《四民月令》："云行东，车马通；云行西，马溅泥；云行南，水涨潭；云行北，好晒麦。"

［**用例**］明佚名《便民图纂》卷七："云行占晴雨谚云：'云行东，车马通；云行西，马溅泥。'"清翟灏《通俗编·天文》："云行东，车马通；云行西，马溅泥；云行南，水涨潭；云行北，好晒麦。"

［**用法**］作宾语、主语，单独成句。

［**异文**］（1）云行东，雨无踪，车马通；云行西，马溅泥，水没犁

明娄元礼《田家五行·天文类》："云行占晴雨谚云：'云行东，雨无踪，车马通；云行西，马溅泥，水没犁；云行南，雨潺潺，水涨潭；云行北，雨便足，好晒谷。'"

（2）云行东，马头通；云行西，雨淋鸡

明周文华《汝南圃史·月令》："云行南，雨湍湍；云行东，马头通；云行西，雨淋鸡；云行北，晒破屋。"

蹶马破车，恶妇破家

［**释义**］跌跌撞撞的马会损坏车辆，不善良的妇女会毁坏家庭。蹶：绊倒，跌倒。

［**用例**］西汉佚名《易纬》二章："古语：'一夫两心，拔刺不深，蹶马破车，恶妇破家。'"明田艺蘅《留青日札·通俗古音》："古语：'蹶马破车，恶妇破

家',家又音姑。"

［用法］作宾语、主语,单独成句。

斫檀不谛得系迷,系迷尚可得驳马

［释义］砍檀若是不细细查看,就会砍到系迷或是驳马,形容三种树木长得十分相似。斫:砍;檀:常绿小乔木,木材极香,可制器具,也可入药;谛:细察、详审;系迷:树名,似檀,一说即山楂;驳马:梓榆,其树皮青白驳荦,遥视似驳马。

［用例］《诗经·小雅·鹤鸣》"爰有树檀。"唐陆玑疏:"檀木皮正青滑泽,与系迷相似,又似驳马。驳马,梓楰,其树皮青白驳荦,遥视似马,故谓之驳马。故里语曰:'斫檀不谛得系迷,系迷尚可得驳马。'"

［用法］作宾语、主语,单独成句。

字经三写,乌焉成马

［释义］文字经过多次转抄,"乌"字、"焉"字被误写为"马"字。比喻事情辗转多次,容易发生讹谬。三:概数,多。

［用例］清和邦额《夜谭随录·董如彪》:"如彪曰:'句句实,字字真,岂有虚假?'嫩曰:'字经三写,乌焉成马。况事已隔日,汝等诗人更多附会,往往诬妄好人,那足为凭!'"宋陆九渊《象山集·与苏宰》:"真所谓:'字经三写,乌焉成马。'"

［用法］作宾语、主语,单独成句。

［异文］书经三写,乌焉成马

清石韫玉《独学庐稿·碣石门秦刻跋》卷四:"所谓'书经三写,乌焉成马'者也,太史公必不错谬若此。"

关于马的歇后语

歇后语是日常生活中人们经常运用的一种具有特定意义的特殊语言形式，它通常由两部分组成，前一部分是“引子”，后一部分是“注释”。引子主要通过运用比喻和双关的手法，引出注释；注释则是引子的解释说明。这两者之间通常有较长的停顿。它的文学性、口语性较强，具有鲜明的民族特色。有的歇后语构思巧妙、生动幽默，因此人们有时也称它为“俏皮话”。

对于古代文献中的歇后语，现代人在引子和注释之间，一般不加破折号，通常是连在一起说或者中间用逗号隔开。而现代汉语中的歇后语，一般是在中间加破折号隔开。本书所收歇后语言及马的各方面，如马的动作、部位、作用、颜色、品种、年龄等等。例如：“马腿上钉掌子——离蹄（题）远”中的“马腿”，“马尾巴搓绳——合不了股”中的“马尾巴”，是指马的部位；“相逢不下马——各自奔前程”中的“马”，是指马作为交通工具时的作用；“老水牛拉马车——不合套”中的“马车”，是指马作为运输工具时的作用；“老马嘶风——英心未退”中的“老马”，是指马的年龄；“秦叔宝的黄骠马——来头儿不小”中的“黄骠马”，是指马的品种；“财神轴里卷黄马——画里有画（话）”中的“黄马”，指的是马的颜色。

马歇后语引子与注释相配合，反映了广泛的生活内容，包含了大量的文化信息。前半段广泛运用各种形象化手法，多是比喻或兴词，后半段是要说的本义。“端午节赛马——走着看”，“端午节赛马”是我们中华民族独有的一种民俗文化，来源于藏族对马的崇敬，所以每逢端午节，藏族人民都要举行赛马活动来庆祝节日；“看棋只看车马炮——不识相”中的“车”“马”“炮”“相”都是象棋用语，体现出一种娱乐文化；“槽头买马——看母子”是指有经验的人买马都会看看生这匹马的母马的情况；“马尾串豆腐——别提”，把“马尾”和“豆腐”联系起来，充满了浓浓的生活气息；“骑马逛草原——没完”，以骑马突出美丽草原的广阔无垠。

本书收录关于马的歇后语共 40 条，其中主条 28 条，异文 12 条。

财神轴里卷黄马——画里有画(话)

[释义] 比喻这幅画中蕴含的意义,或者比喻这幅画里包含着别的言外之意。财神轴里卷黄马:在画着财神像的画卷里卷着画了黄马的画,是画里有画。

[用例]《民间文学》1990 年第 2 期:“老爹看了一阵子,喜得说:‘孩子,你别看轻这把扇子,是财神轴里卷黄马——画里有话(画)。’”

[用法] 用作主语、宾语。

槽头买马——看母子

[释义] 有经验的人买马都会看看生这匹马的母马的情况。比喻有什么样的父母,就会有什么样的孩子。槽头:给牲畜喂饲料的地方。

[出处] 清西周生《醒世姻缘传》第五十二回:“儿干的这歪营生,都揽在身上;到明日,闺女屋里拿出孤老来,待不也说是自家哩?‘槽头买马看母子’,这们娘母子也生的出好东西来哩?”

[用法] 用作插入语、宾语。

[异文] 槽头上买马——看母仔

锦云等《茫茫口》:“‘瞧这小子,多么俊气! 听说在学堂里又考了第一?这模样,正跟他爹脱个影啊! 弟妹子,高兴吧?’听到有人夸赞孩子,瑞娥笑盈盈紧走几步,跟上来,很得体地答道:‘您当大伯的,不是更高兴吗?’有几个不识荤素的愣小子,冷嘴说道:‘槽头上买马——看母仔哩。’一群小叔子瞥着瑞娥嫂哄笑起来。”

城头上跑马——远兜转

［释义］在城墙上跑马，只能兜圈转。比喻说话拐弯抹角。

［用例］金庸《书剑恩仇录》第十八回："讲了这么一大套三从四德，原来是为了这个。那真是城头上跑马，远兜转了。"

［用法］用作宾语。

船头上跑马——无路可走

［释义］形容穷途末路，陷入绝境。

［用例］苏策《远山的落雪》十七："想到这里，他的心颤抖起来，阿迪要和解放军拉上了手，那我就真是'船头上跑马——无路可走'了。"

［用法］用作宾语。

［异文］船头跑马——走投无路

《故事会》1985年第5期："牛魔王急得船头跑马——走投无路。眼看天已亮了，如果硬拼，杀死这三个人，一定会惊动牛头湾的群众，传到县里就麻烦了。"

端午节赛马——走着看

［释义］比喻事情的结局在演变过程中就会见分晓。

［用例］周国全《血火八年》二十九："段自蘅也愤愤地说：'姓魏的小子哎，咱们就"端午节赛马——走着看"吧！'"

［用法］用作谓语。

狗拉马车——乱了套

［**释义**］比喻行为引起混乱,坏了事。

［**用例**］刘进喜《紧急出动》(上卷)第十一回:“他一见耿丽丽要张口,心里害怕极啦！在这众人面前,她一叫姐夫,可就狗拉马车——乱了套啦,那有多么难堪呀!”

［**用法**］用作宾语。

黄瓜当鞭打马——丢了半截

［**释义**］比喻希望落空,非常扫兴。

［**用例**］李英儒《燕赵群雄》第十二章:“小柏知道汪家寨是个大镇,晚上还有节目,他是多想到镇上看看花红热闹哩……现在听说‘胡子’不去汪家寨,他的热情真个是黄瓜当鞭打马,一下丢了半截。”

［**用法**］用作宾语。

［**异文**］黄瓜打驴——败兴半截

《民间文学》1989年第3期:“吴员外听说亲翁下世,家产又全烧光了,立刻就黄瓜打驴——败兴半截。想起女儿婚约,吴员外后悔得直抓胸脯。”

看棋只看车马炮——不识相

［**释义**］比喻不识趣。在这里,“识相”语义双关:一是指认识象棋中“相”这颗棋子;二是指看别人眼色行事,识趣。

［**用例**］秦纪文《再生缘》第三回:“江三嫂:‘唉！小姐,你是不是要去把

这件事情告诉太太啊?'刘燕玉:'是啊!'江三嫂:'嘿嗨!小姐,你真叫看棋只看车马炮。'刘燕玉:'什么讲究?'江三嫂:'叫不识相。'"

[用法] 用作宾语。

老马嘶风——英心未退

[释义] 比喻虽然年老但还是雄心勃勃,英气奋发。

[出处] 明张燮《霏云居续集·出门行》:"阿爷姓字人争识,纸贵新闻重洛阳。日高亭午频催发,老马嘶风声未歇。慷慨登车重回首,腰间剑吼神飞越。"

[用例] 清陈偕灿《闻粤西警八首》:"英雄髀肉气难平,老马嘶风听鼓声。赤手可容支大厦?白头何望请长缨。"清文康《儿女英雄传》第二十七回:"'我只恨我一个好好儿的人,怎么到了这些事上就得算个没用的了呢!'说着,眼圈儿便有些红红儿的。这位舅太太也就算得个'老马嘶风,英心未退'了!"

[用法] 用作宾语。

老水牛拉马车——不合套

[释义] 牛的套和马的套不一样,牛用马的套不合适。比喻想法或办法不同,说不到一起。在这里,"套"语义双关:拴牲口的套子;办法,套路。

[用例] 王波《女秘书去毛家湾》:"'老水牛拉马车——不合套。'一种大家熟悉的气浪又从走廊里冲进屋来,那种临时活跃的气氛又压下去了。"

[用法] 用作插入语,独立成句。

临时上轿马撒尿——手忙脚乱

［**释义**］形容忙乱慌张。

［**出处**］清张南庄《何典》第一回："活鬼道：'拣日不如撞日，就是明日便了。'形容鬼道：'这也极通。只是明日就要起身，今日须当端正，省得临时上轿马撒尿，手忙脚乱的。我也要回去说声，方好同去。'"

［**用法**］用作宾语。

马后炮——弄的迟了

［**释义**］比喻（行动、说话）晚了。

［**出处**］元无名氏《隔江斗智》第二折："大哥，据我老三料，这周瑜匹夫累累兴兵来索取俺荆州地面，如今在柴桑渡口安营扎寨，其意非小。今日军师升帐，大哥须要计较此事，不要做了马后炮，弄的迟了。"

［**用例**］马烽《太阳刚刚出山》："东照村离我们柳庄只有七里地，我一路小跑，生怕去迟了赶个马后炮。"

［**用法**］用作宾语。

［**异文**］马后炮——没用

蔡维才《疾风》二十："'啊！这一招可真妙！'小刘一蹦三尺高的喜着说：'嗨！我想了老半天，怎么就没想到我的老伙计黑旦有个活宝贝鹞鹰呢？嗨嗨，我说的这是马后炮——没用。'"

马散笼头——自由自在

［释义］形容行为不受拘束。

［用例］奚青《望婚崖》十："在大队开小车时，他是马散笼头——自由自在，就连汽车队队长对他也不能太认真了。"

［用法］用作宾语。

马腿上钉掌子——离蹄(题)远

［释义］马蹄铁本来应该钉在马掌上，结果钉在了马腿上。比喻谈论的话题离正题远了。

［用例］马烽《有准备的发言》："'不要扯得太远了！''是有点马腿上钉掌子，离蹄(题)太远了。'"

［异文］马屁股上钉掌——离蹄(题)太远

杨文栋等《碧血吕梁》十九："众人见他这样，好生奇怪。唯有典史郭景明说：'赵大人喜欢野宿，让他歇一会儿吧。'这话看起来有理，其实是马屁股上钉掌——离蹄(题)太远了。"

马尾巴搓绳——合不了股

［释义］比喻人心不齐，没法儿合作。

［用例］刘江《太行风云》五十一："这一来，当下就把互助组给挑拆了个七叮八当，五零四散。真是马尾巴搓绳，咋也合不了股了。"

［用法］用作宾语。

［异文］马尾绳——合不起股

安危《我爱松花江》第三十六章："丁万红按照县委贾书记指示，首先检查了自己对他不够尊重，又在相互批评时提到老马方式不好，说支委要像一根麻绳子，可不能像马尾绳——怎么也合不起股。"

马尾串豆腐——别提

［释义］比喻不用说了，谈不上；也比喻没有办法来形容。

［用例］浩然《山水情》上第六章："'村里没有这号人，那会儿你们贫农少分点土地浮财，如今可算闹好了，干干净净，多省心！''唉！马尾串豆腐，别提啦！'"

［用法］用作独立成分。

［异文］(1)马尾吊豆腐——提不起

周而复《上海的早晨》第四部一："慕韩兄太客气了，你要是在工商界不算啥，那我们这些人更是马尾吊豆腐——提不起了。"

(2)马尾绑豆腐——提不起来

马云鹏《雁塞游击队》第一章："别个方面，我是马尾绑豆腐——提不起来；在统一战线方面，老涂给我讲了好几次，我懂。"

(3)马尾儿串豆腐——没法提

《民间文学》1992年第4期："两个孩子青梅竹马，两个当娘的亲如手足。两家子好得马尾儿串豆腐——没法提。"

马抓痒——全凭一张嘴

［释义］马只会用嘴来回摩擦抓痒。比喻只会嘴上说，嘴硬。

［出处］明高濂《玉簪记》："［老旦］休得胡说，些须薄礼奉酬，请回罢。

[净]多谢多谢,全凭一张嘴,赚尽四方财。[下,老旦] 我儿,你把病症从头说与我做姑娘的知道。”

[**用例**] 刘晓农《井冈演义》:“他是马抓痒——全凭一张嘴,又这么专横,工农革命军总有一天会断送在他手上! 咱们不能坐视不救,须向省委报告,敦促上级对他加以处分!”

[**用法**] 用作宾语。

盲人骑瞎马——寸步难行

[**释义**] 形容无法行动。

[**用例**] 张华荣《虎腹掏胆》第六回:“要不是王队长协助,我们人地生疏,那才是盲人骑瞎马——寸步难行。”

[**用法**] 用作宾语。

盲人骑瞎马——乱闯

[**释义**] 比喻盲目地乱干。

[**用例**] 王厚选《古城青史》第八回:“‘咱们一块找队伍去! 说走就走。小寺他娘,你去把程刚喊起来……’‘不行! 不行!’赵铁锤话刚出口,门‘吱’一声被推开,程刚从外面一步迈进屋里,说:‘咱们不能盲人骑瞎马——乱闯。’”

[**用法**] 用作宾语。

媒人婆拾马粪——越发越晒

［释义］媒人给人说媒，如拾马粪一样，说得越多，捞的好处越多，越说越有劲儿。比喻多多益善。发：发酵，马粪晒后易发酵，越发酵越要晒，才能晒成干的。

［出处］明兰陵笑笑生《金瓶梅》第三十五回："伯爵道：'你若心疼，再拿两碟子来。我媒人拾马粪，越发越晒。'"

［用法］用作宾语。

泥马过海——自身难保

［释义］比喻自身都难保，更无暇顾及别人。

［用例］海辛《香港无名巷》五："我是泥马过海，自身难保，哪有余力娶老婆！"

［用法］用作宾语。

［异文］(1)泥菩萨落水——自身难保

明冯梦龙《警世通言·旌阳宫铁树镇妖》："忽见豫章郡社伯并土地等神，来见吴君说：'孽龙又聚了八百余蛟党，欲搅翻江西一郡，变作沧海，只待今夜酉牌时分风雨大作之时，就要下手。有等居民，闻得此信，皆来小神庙中，叩头磕脑，叫小神保他。我想江西不沉却好，若沉了时节，正是"泥菩萨落水，自身难保"，还保得别人？伏望尊仙怎生区处！'"

(2)泥菩萨过江——自身难保

周立波《暴风骤雨》第一部六："'满洲国'垮了。刘作非蹽了。蒋介石本人是泥菩萨过江，自身难保。没有人来救你们韩六爷的驾了。"

(3)泥菩萨过江——自顾不暇

扎拉嘎胡《草原的早晨》第一章四："这事非你出面解决不可，我是泥菩萨过江——自顾不暇啦。"

骑马逛草原——没完

［释义］草原很大，马一时间也走不到边际，形容事情还没有完结。

［用例］扎拉嘎胡《草原的早晨》第二章一："巴尔斯生气地喊：'这事如同骑马逛草原，没完。咱们会上见。'"

［用法］用作宾语。

骑着骆驼耍门扇——那是大马金刀哩

［释义］形容排场大。门扇：门板；大马金刀：方言中指排场大，场面大。

［出处］清李海观《歧路灯》第五十五回："白鸽嘴道：'听说周桥头孙宅二相公，是个好赌家。'夏逢若道：'骑着骆驼耍门扇，大马金刀哩。每日上外州外县，一场输赢讲一二千两。咱这小砂锅儿，也煮不下那九斤重的鳖。'"

［用法］用作插入语，独立成句。

秦叔宝的黄骠马——来头儿不小

［释义］形容来历不寻常。

［出处］《隋唐演义》第六至八回叙述，秦叔宝旅居潞州客店，因无力付房、饭钱，要卖坐骑黄骠马。此马虽饿得瘦弱不堪，却有一番不寻常的来历，乃"金龙飞下九天来"。

［用例］孙犁《风云初记》三十七："看样子，真像秦叔宝的黄骠马，来头

儿不小哩！老温说：‘怕什么？水来土挡，兵来将挡。’老常说：‘不怕他有千条妙计，就怕我们没有一定之规！’”

［用法］用作宾语。

属豹花马的——浑身净点子

［释义］形容办法特别多。在这里，“点子”语义双关：斑点；主意、办法。

［用例］《民间文学》1996年第2期：“秦海这人属豹花马的——浑身净点子。他们俩在一个庄子赤屁股长大，老郝是最知道秦海的底细。”

［用法］用作宾语。

铁丝丝跑马——闹得悬

［释义］比喻很危险的事情。

［用例］王波《女秘书去毛家湾》：“我们军队呀，让这帮人闹腾，铁丝丝跑马，闹得悬……想到这里，他感到忧心如焚。”

［用法］用作插入语。

乡下人不识骆驼——当作马肿背

［释义］乡下人没见过骆驼，看到骆驼身上的驼峰，以为是马背肿了，讽刺人少见多怪。

［出处］清王浚卿《冷眼观》第十五回：“古人三日不见，便当刮目相看，怎么你我一别有数年之久，还是这样乡下人不识骆驼，当作马肿背的脾气呢。”

［用法］用作定语。

纸糊的马——大嗓门儿

［释义］形容说话声音特别大。

［用例］赵连甲等《宝瓶奇案》第四回："这何四是天津人，一说话，是纸糊的马——大嗓门儿。"

［用法］用作宾语。

关于马的惯用语

惯用语是一种人民群众在长期的劳动生活中口头创造出来的、习用的、固定的词组，属于叙述性的语言单位，常常通过比喻、引申等方法获得修辞转义。惯用语的显著特征是描述性，它运用多种手法描述人或事物的形象、状态，或描述行为动作的性状。这是惯用语区别于其他俗语的关键特征。

本书惯用语中的“马”涉及马各方面的内容，例如马的形象、品质、毛色、用途、部位、级别等等。例如：“驽马恋栈豆”中的“驽马”，“骏马换小妾”中的“骏马”指马的级别；“拍马挨了踢”中的“拍马”（拍马屁），“马屁拍在马腿上”的“马腿”指马的部位；“为儿孙作马牛”中的“马”指的是马勤勤恳恳的品质；“买马别人骑”中的“马”指马作为一种交通工具时的用途；“马群里出了一只疯骆驼”中的“马群”指马的一种群居习性；“放野马”中的“野马”指马的品种。

惯用语为人们相沿习用，反映了各种文化现象。例如：“裹马革”指用马的皮革把尸体包起来，意指军人战死于沙场，反映了古代决心为国捐躯的壮士的意志；“杀回马枪”体现了古代的作战方法；“汗马牛”是用马、牛来运输书本，体现了古代的交通方式；“牛童马走”指地位低下的人，体现了古代的社会阶级；“效犬马之劳”指为自己的君主效劳，体现了古代的一种政治制度；“无马狗牵犁”指没有马拉犁就用狗代替，体现了农事耕作方式；“金马门”指学士待诏之处，反映了古代的一种教育机构；“马前卒”从字面看，指在马车前奔走役使的人，反映了当时的交通状况；“牛头而卖马脯”指打着做好事的旗号做不好的事，体现了古代的饮食文化；“白狗赶羊騊里”指物以类聚，人以群分，体现了一种处世态度；“马虎子”是古代风俗，指恐吓小孩子的话，体现了一种民俗文化；“马后炮”原为象棋术语，体现了一种娱乐形式；“一指马”源于《庄子·齐物论》，云：“以指喻指之非指，不若以非指喻指之非指也；以马喻马之非马，不若以非马喻马之非马也。天地一指也，万物一马也。”喻宇宙万物之理，反映了我国古代的哲学思想。

本文收录关于马的惯用语共135条，其中主条74条，异文61条。

白狗赶羊騊里

［释义］比喻物以类聚，人以群分。騊：古代良马名。

［出处］清王有光《吴下谚联·白狗赶羊騊里》："羊食草，狗食屎，岂可入騊。奈有一种白狗，易于混杂，若曰狗虽狗，幸而是白，便赶入騊里。羊若曰，白虽白，毕竟是狗，何便赶入騊来。狗一挨进，始则慕羊而入群，渐且噬羊而败群。《易·系》曰：'方以类聚，物以群分。'吉凶生矣。"

［用法］用作宾语；也可独立成句，做插入语。

鞭长不及马腹

［释义］鞭子虽然很长，但是不应该打到马肚上。比喻力所不能及。

［出处］《左传·宣公十五年》："古人有言曰：'虽鞭之长，不及马腹。'"杜预注："言非所击。"春秋时期楚庄王仗着势力强大，不征得宋国同意，便派大夫申舟经宋国出使齐国。宋国杀了申舟。楚庄王派兵攻打宋国。宋国向晋国求援，大夫伯宗向晋景公建议不要出兵，说"虽鞭之长，不及马腹"，没有理由为了宋国而得罪楚国。

［用例］宋陈仁子《牧莱脞语·甲戌拟应诏封事》："昔之攻蜀，尝一窥吾势矣，而鞭长不及马腹，听其残扰荏苒不前。"明李清《三垣笔记·崇祯》："上曰：'督师去河南数千里，所谓鞭长不及马腹，若汝等爱憎起见，无乃太过！'其爱惜嗣昌如此。"清董诰《全唐文·宋武帝论》："虽曰关中，实是边地，鞭长不及马腹，风末不……王贯德曰：'贪归受禅，所留不过爱子。'"

［用法］用作谓语、定语。

放野马

［释义］比喻行为不受约束。

［用例］元陈阳复《灵泉寺》:“上方野马隔嚣纷,山接灵源一派分。夜静锡闲孤塔月,日高禅定半窗云。翠纱笼壁诗难续,玉斝流香酒易醺。爇柏煮茶清不寐,松风吹籁隔溪闻。”清沉寿榕《玉笙楼诗录·巴人谣四首》:“放野马,官马纵牧于郊,践食民田谷麦日。”

［用法］用作主语、宾语。

附骥尾

［释义］蚊蝇附在马的尾巴上,可以远行千里。比喻依附先辈或名人之后而成名,后常用为自谦的套语。

［出处］《史记·伯夷列传》:“君子疾没世而名不称焉。”司马贞索隐:“伯夷得夫子而名彰,颜回附骥尾而行著,盖亦欲微见己之著撰不已,亦是‘疾没世而名,不称焉’,故引贾子‘贪夫徇财,烈士徇名’是也。又引‘同明相照,同类相求’,‘云从龙,风从虎’者,言物各从类以相求。”司马贞注文意思是说伯夷虽是贤人,却也因孔子的赞扬而声名更为昭著;颜渊虽然专心好学,却也因追随孔子,德行越发显露。贾谊说:“贪婪的人为财而丢命,壮烈之士为名而献身。”《易经·乾卦》说:“同样明亮的东西就互相辉映,同样种类的事物则互相应求。云跟从龙而生,风伴随虎而起,世间万物都是跟从各自物类的。”

［用例］明冯梦龙《喻世明言》卷八:“俟破贼立功,庶可附骥尾以成名耳。”清纳兰性德《渌水亭杂识》卷二:“汉皇甫规深以不与党人为耻,数子碌碌,乃获附骥尾。”

[用法] 用作谓语、主语、宾语。

裹马革

[释义] 指用马的皮革把尸体包起来,多指军人战死于沙场,形容为国作战,决心为国捐躯的意志。

[用例] 宋陈造《次韵杨宰花石纲遗石》:"令君藻翰辈古先,脱口一可乐石刊。盍令珥笔草大册,底用韵语谈槐安。一诗为吊湖边石,深感崇宁全盛日。玉烛叶和黄道明,天扶休运非人力。丰碑端合颂虞周,远来近悦绝叹愁。有君无臣古所恨,歼佞嬉笑乘胶舟。鸩心饴口谀圣主,漕石移花闹南土。玲珑苍石中路弃,不见奸憸欧刀死。此心安得此石顽,感物抱恨甘终天。平日志愿裹马革,杖扶鬻茹吾衰年。"元苏天爵《元朝名臣事略》:"若以王事殁身边野,裹马革归葬,吾素愿也。汝等谨服此训,苟违吾言,与暴吾丘墓等耳。"

[用法] 用作宾语。

[异文] 包马革

宋汪元量《杭州和林石田》:"人谁包马革,子独取羊裘。"

汗马牛

[释义] 马、牛因拉车运书而出汗,形容书极多。

[出处] 宋冯山《安岳集 · 黄甘寄李献甫》:"多栽厚利赢栀茜,一熟经时汗马牛。晚岁幸为安汉守,眼明重到洞庭游。已将滋味千时好,宁免苞苴徇世求。"

[用法] 用作主语、宾语、定语。

[异文] 汗牛马

唐柳宗元《唐故给事中皇太子侍读陆文通先生墓表》:“其为书,处则充栋宇,出则汗牛马。”明张纶言《林泉随笔》:“况今天下,九流百氏之书,止则充栋宇,出则汗牛马。”

好马不吃回头草

[释义] 比喻有志气的人不走回头路;也比喻有作为的人当机立断,不反悔。

[用例] 清李渔《怜香伴·议迁》:“多承高谊,好马不吃回头草,就复了衣巾,也没不得这场羞辱。”清周寿昌《思益堂集·采茶歌》:“山歌云:‘好马不吃回头草,好客不饮路旁茶。’”

[用法] 作宾语、谓语、主语,单独成句。

回头马

[释义] 古人说好马不吃回头草,回头马又在奔跑,表示不愿意错过沿途风景。

[出处] 宋吴自牧《梦粱录·十二月》:“纸马铺印钟馗、财马、回头马等,馈与主顾。”

[用例] 清钱大昕《恒言录·俗仪类》:“《梦粱录》:‘岁旦在迩,纸马铺印钟馗、财马、回头马等,馈与主顾。’”隋树森《全元散曲·端正好》:“烟月的刘行首,则不如阐全真王祖师,道不如打回头马半州。”

[用法] 用作主语、宾语。

金马门

［释义］汉代宫门名，学士待诏之处。

［出处］《史记·滑稽列传》："时坐席中，酒酣，据地歌曰：'陆沈于俗，避世金马门。宫殿中可以避世全身，何必深山之中，蒿庐之下。'"

［用例］《汉书·公孙弘卜式儿宽传》："更名鲁班门为金马门。"清梁章钜《称谓录·翰林院职官古称》："《汉书·东方朔传》：'朔待诏公车，久之，使待诏金马门，稍得亲近。'"

［用法］用作主语、宾语。

骏马换小妾

［释义］形容风流豪放的人，也可以称作"骏马换倾城"。

［出处］《乐府诗集·爱妾换马》郭茂倩题解引《乐府解题》："《爱妾换马》，旧说淮南王所作，疑淮南王即刘安也。古辞今不传。"唐李亢《独异志》卷中："后魏曹彰，性倜傥，偶逢骏马，爱之，其主所惜也。彰白：'余有美妾可换，唯君所选。'马主因指一妓，彰遂换之。"三国时魏国的曹彰，生性风流倜傥，偶然遇到一匹骏马，非常喜欢，可骏马的主人爱惜骏马，不肯送人。曹彰说："我有美丽的小妾可以交换，任您挑选。"马的主人于是手指一妾，曹彰于是就用她交换了骏马。后因此典故形成惯用语"骏马换小妾"。

［用例］唐李白《襄阳歌》："千金骏马换小妾，笑坐雕鞍歌《落梅》。"明孙蕡《朝云集句》："白袷玉郎寄桃叶，金鞍骏马换小妾。翠眉蝉鬓生别离，南园绿草飞蝴蝶。"

［用法］用作主语、谓语。

拉下马

［释义］比喻要把当权者赶下台。

［出处］明澹圃主人《大唐秦王词话》第四十回："王元答应：'将军！吾奉东郑王使臣，差往漳南借兵去的。'叔宝唤过刀斧手：'挐了！'众军士把王元、吴选拉下马来，簇拥上关。"

［用例］清曹雪芹《红楼梦》第六十八回："俗语说：'拼着一身剐，敢把皇帝拉下马。'他穷疯了的人，什么事做不出来？"清贪梦道人《彭公案·劫圣驾打破大红门》："这解饷官遂令手下人去报信，上官厅调兵。这个时候，黄三太抽出刀来，把那手下人砍散，把解饷官拉下马来，砍了他一刀背，然后自己亦跳下马来，把银匣子取了一个，捎于马后。"

［用法］用作宾语。

［异文］擒下马

宋徐梦莘《三朝北盟会编·炎兴下帙》："他日，飞与兵官押马，舅亦同徒刑。舅出飞马前而驰，约数十步，引弓满，回身射飞，中其鞍鞒，飞邓马逐舅，擒下马，令王贵、张宪捉其手，自取佩刀破其心。"

鹿为马

［释义］比喻故意颠倒黑白，混淆是非。

［出处］《史记·秦始皇本纪》："赵高欲为乱，恐群臣不听，乃先设验，持鹿献于二世，曰：'马也。'二世笑曰：'丞相误邪？谓鹿为马。'问左右，左右或默，或言马以阿顺赵高。或言鹿，高因阴中诸言鹿者以法。后群臣皆畏高。"秦二世的时候，赵高献给秦二世一只鹿。二世问他说："丞相为什么要送一只鹿呢？"赵高说："这是一匹马啊！"二世说："丞相错了，把鹿当作马了。"赵

高说："这确实是一匹马啊！如果陛下认为我的话不对，可以问一问群臣。"群臣一半说是鹿，一半说是马。在这种情况下，秦王不能再坚持自己的看法，只好认可赵高的说法。

［用例］唐虞世南《北堂书钞·惣载三公三》："赵高为丞相，欲为乱。恐群下不听，乃先设计持鹿献于二世，曰：'马也。'二世笑曰：'丞相误耶，谓鹿为马。'问左右，左右或言鹿，或言马。言鹿者，高阴中以法。"宋蔡正孙《诗林广记·陶渊明》："《高斋诗话》云：'荆公桃源行，云望夷宫中，鹿为马，秦人半死长城下。'"

［用法］用作主语、宾语。

［异文］(1)指鹿事

蔡正孙《诗林广记·附王介甫桃源行》："《高斋诗话》云：'又指鹿事不在望夷宫中。荆公此诗追配古人。惜乎！用事失照管，为可恨耳。'"

(2)论马指

严复《和寄朝鲜金泽荣》诗之三："莫更是非论马指，从今不系是虚舟。"

(3)鹿是马

唐杜甫《奉赠卢五丈参谋（琚）》："休传鹿是马，莫信鹏如鹗。"

露马脚

［释义］比喻比较隐秘的事情的真相被泄露出来。

［出处］唐冯贽《云仙杂记·麒麟楦》："唐杨炯每呼朝士为麒麟楦，或问之曰：'今假弄麒麟者，必修饰其形，覆之驴上，宛然异物，及去其皮，还是驴耳。无德而朱紫，何以异是。'""楦"，做鞋用的模型，此处指裹于麒麟皮中的驴子，代指虚有其表者。"露马脚"一词在唐代已经出现，本为古代的一种游戏。在节日庆典之时，将描绘好的麟麒皮装饰于驴或马身上，用来助兴。但马脚或驴脚难以包装掩饰，要弄起来，难免露出，借指弄虚作假，"露马脚"一说就源于此。

［用例］明鹿善继《四书说约·素隐行怪章》："则落得做个人情，要到其间真。真不见知口里断，也不肯自露马脚。"清李宝嘉《官场现形记》卷七："心下踌躇道：'如果照本抄誊，倘若抚宪传问起来，还不出这几个人的出典，就要露马脚。'"清樊增祥《樊山政书·代农工局批宝鸡县朱令弼臣禀》："是明明前禀多有朦混，故此禀自辩其无，而不知自露马脚也。大凡人有心病，往往于人所不知之事自言自语，自发阴私。"

［用法］用作谓语。

［异文］走了马脚

明吴承恩《西游记》第三十回："小龙笑道：'这厮不济！走了马脚，识破风讯……却不知我师父下落何如，倒遇着这个泼怪，且等我去戏他一戏，若得手，拿住妖精再救师父不迟。'"

马踩车

［释义］形容十分忙碌的样子。

［用例］马烽《三年早知道》："如今地里正忙得马踩车哩，割玉茭杆，摘残花，拾粮食，浇地……几样工作一齐来。"

［用法］用作状语、定语。

马大哈

［释义］指粗心大意的人，也形容粗心大意，马虎随便。

［用例］志忠、成蛟《岂只是疏忽》："相声《买猴儿》创造了一个马马虎虎、大大咧咧、嘻嘻哈哈的典型人物：'马大哈'。"朱剑《青石堡·望穿雾障》："情况我已经核实过了。保国哇，情况复杂得很哪，你可千万别再犯马大哈的毛病了！"王蒙《组织部来了个年轻人》："组织部呢，却正在发愁：第

一,某支部组织委员工作马大哈,谈不清新党员的历史情况。"

[用法] 用作主语、宾语、定语、状语。

马耳风

[释义] 风吹过马的耳边,比喻把别人的话当作耳边风,无动于衷。

[用例] 宋陆游《剑南诗稿·衰病》:"苇花添絮暖,葑火试炉红。仕宦蚁窠梦,功名马耳风。山翁但更事,人看作神通。"宋陆游《剑南诗稿·和范待制秋兴》:"策策桐飘已半空,啼螿渐觉近房栊。一生不作牛衣泣,万事从渠马耳风。名姓已甘黄纸外,光阴全付绿尊中。门前剥啄谁相觅,贺我今年号放翁。"

[用法] 用作定语、状语。

[异文] 春风之过马耳

金元好问《杨叔能小亨集引》:"漠然而往,悠然而来,人之听之,若春风之过马耳。"

马后炮

[释义] 原为象棋术语,后来用来比喻不及时的行为。

[用例] 清夏燮《吴次尾先生年谱》:"是时东下之念息之已久,何待公子致书作此马后炮语。"

[用法] 用作宾语。

[异文] 马后砲

元无名氏《隔江斗智》第二折:"今日军师升帐,大哥须要计较此事,不要做了马后砲,弄的迟了。"

马虎子

［释义］指恐吓小孩子的话。

［用例］鲁迅《朝花夕拾·〈二十四孝图〉》："北京现在常用'马虎子'这一句话来恐吓孩子们。或者说，那就是《开河记》上所载的，给隋炀帝开河，蒸死小儿的麻叔谋，正确地写起来，须是'麻胡子'。"

［用法］用作主语、宾语。

马角牛

［释义］马像牛一样生出犄角。比喻无中生有，说谎骗人。

［用例］清西周生《醒世姻缘传》第十八回："一个说得天垂宝像乌头白，一个说得地涌金莲马角牛。"

［用法］用作定语、状语。

马牛风

［释义］比喻没有关系，不相干的事情。

［出处］《左传·僖公四年》："四年春，齐侯以诸侯之师侵蔡。蔡溃，遂伐楚。楚子使与师言曰：'君处北海，寡人处南海，唯是风马牛不相及也。'"晋杜预注："楚界犹未至南海，因齐处北海，遂称所近。牛马风逸，盖末界之微事，故以取喻。"唐孔颖达疏："正义曰：'襄十三年传称楚子囊述共王之德，抚有蛮夷，奄征南海。唯言征南海耳，其竟未必至南海也。因齐实处北海，遂称所近，言其相去远也。服虔云：'风，放也。牝牡相诱谓之风。'《尚书》

称：‘马牛其风。’此言风马牛，谓马牛风逸，牝牡相诱，盖是末界之微事，言此事不相及，故以取喻，不相干也。不虞君之涉吾地也何故？管仲对曰：‘昔召康公命我先君大公，召康公，周大保召公奭也。’”

［用例］元关汉卿《谢天香》第三折：“色缘有深意，谁谓马牛风？”清王韬《臆谭·简辅》：“今相臣之去就废置，若无预乎草野之休戚，并不系乎朝廷之重轻，在民若马牛风，在朝若九牛毛。”

［用法］用作宾语。

［异文］风马牛

宋杨万里《和张器先十绝》之二：“向来一别十番秋，消息中间风马牛。”

马牛走

［释义］形容奔波劳碌。

［出处］宋佚名《翰苑新书·代与度侍郎方秋崖》：“马牛走者，共恪以之。”

［用例］谢伯阳、凌景埏《全清散曲·恼毛女峰》：“他只是推还就。为着他七年风露常千里，为着他海国星槎绕一周。马牛走，依旧在鳏鳏长夜，苦盼乌头。”钱仲联《清诗纪事·郭麟》：“县令雁鹜行，史公马牛走。”

［用法］用作主语、宾语、定语。

［异文］牛马走

清梁章钜《称谓录·谦称》：“司马迁《报任少卿书》：‘太史公牛马走。’注：‘太史公，迁父谈也，走犹仆也。言己为太史公掌牛马之仆，自谦之词也。’”

马棚风

[释义] 比喻习以为常,不当一回事儿。

[用例] 清曹雪芹《红楼梦》第十六回:"也因姨妈看着香菱模样儿好还是末则……故此摆酒请客的费事,明堂正道的与他作了妾。过了没半月,也看的马棚风一般了,我倒心里可惜了的。"

[用法] 用作定语、状语。

马屁精

[释义] 指精于逢迎拍马的人。

[用例]《人民文学》1977年第4期:"现在他别的能耐没有,却会吹吹拍拍,大家暗地里都叫他'马屁精'。"《解放日报》1989. 5. 28:"什么'爱出风头,好表现自己'啦,'马屁精,不务正业'啦,如此等等。"

[用法] 用作主语、宾语。

马屁拍在马腿上

[释义] 拍马屁股拍错地方,拍到了马腿上,马会尥蹶子。比喻本想讨好,但是没找准地方,自讨了没趣。也作"马屁拍到马脚上""马屁拍到马蹄上"。

[出处] 清吴趼人《二十年目睹之怪现状》第六十七回:"那官儿听了,方才知道这一下马屁拍在马腿上去了。"

[用例] 林汉达《东周列国故事新编》上:"公子翚后悔也来不及,马屁拍

在马腿上,自找没趣,一声没言语,退了出去。”

[**用法**] 用作谓语。

[**异文**] (1)拍马屁拍到马腿上

张贤亮《河的子孙》六章:“这次社会主义教育运动给他最大的教育,就是使他真正认识到了‘群众是铜墙铁壁’。许多倒下去的干部并不是拍上面的马屁拍到马腿上去了,而是得罪了群众。倒霉的人必有他可恶之处,幸运儿自有幸运的道理。”

(2)拍马屁拍在马脚上

金庸《笑傲江湖》一七回:“咱们这次拍马屁拍在马脚上,虽是一番好意,还是惹得圣姑发恼,只怪大伙儿都是粗鲁汉子,不懂得女孩儿家的心事。”

(3)马屁拍到仔马脚

清韩邦庆《海上花列传》第二十三回:“拍马屁拍到仔马脚浪去哉 。”

马前剑

[**释义**] 形容在上司或者主子面前曲意逢迎,格外殷勤谄媚。

[**用例**] 元岳伯川《吕洞宾度铁拐李岳·倘秀才》:“马前剑有三千个利便。旧官行掯勒些东西,新官行过度些钱。见起由难似产,听得到照会紧如烟,做多少家罪谴。”

[**用法**] 用作定语、状语。

[**异文**] 马前健

明冯梦龙《醒世恒言》卷二十:“赵昂见了丈人,马前健假殷勤,随风倒舵,掇臀捧屁,取他的欢心。”

马前卒

［释义］在马车前奔走使役的人，后比喻为别人效力的人。

［用例］王旡生《中国历代小说史论》："苟幸而一日不死者，必殚精极思，著为小说，借乎以救国民，为小说界中马前卒。"鲁迅《三闲集·革命军马前卒和落伍者》："他在满清时，做了一本《革命军》，鼓吹排满，所以自署曰'革命军马前卒邹容'。"

［用法］用作定语、主语、宾语。

马群里出了一只疯骆驼

［释义］比喻在勤劳善良的人群中出现一个自私疯狂的人。

［用例］曹禺《王昭君》第三幕："温敦：爹爹，我就是'贪'，贪便宜惯了。乌禅幕：我的马群里怎么出了你这样一只疯骆驼！"

［用法］用作插入语，独立成句。

马上得天下

［释义］比喻靠武力建国，军事力量强盛。

［出处］《史记·郦生陆贾列传》："陆生时时前说称《诗》《书》。高帝骂之曰：'迺公居马上而得之，安事《诗》《书》！'陆生曰：'居马上得之，宁可以马上治之乎？且汤武逆取而以顺守之，文武并用，长久之术也。'"陆贾时时向汉高祖刘邦讲说《诗经》《书经》等书。高祖责骂他："天下是骑在马上得来的，用不着什么《诗》《书》！"陆贾说："骑在马上得来天下，难道还骑在马

上治理它吗？商汤周武都是以武力攻取而以文治来统治，文武并用，才是长治久安的办法。”

［用例］汉荀悦《汉纪·前汉高祖皇帝纪》：“上骂之曰：‘吾居马上得天下，安用《诗》《书》乎？’”元萨都拉《登歌风台》：“五年马上得天下，富贵乐在归故乡。”

［用法］用作谓语、宾语、主语。

马上公

［释义］指刘邦。

［出处］《史记·郦生陆贾列传》：“陆生时时前说称《诗》《书》。高帝骂之曰：‘迺公居马上而得之，安事《诗》《书》！’”此典故见“马上得天下”，所以后来就用马上公来指刘邦。

［用例］宋文天祥《文山集·乐庵老人刘氏墓志铭》：“翁年过七十，而颜色如童，摄生有助焉。或为陆生作《新语》，为汉达官，非翁匹。余曰：‘不然，贾艰难嬴项间，从马上公为客。’”清马世俊《陆贾》：“请看马上公，何曾事生产。”

［用法］用作主语、宾语。

马生犄角骡子下驹

［释义］马天生不长角，骡子天生不能生殖。比喻荒诞的事根本不可能出现。犄角：牛、羊等的角。

［用例］刘绍棠《水边人的哀乐故事》四八：“谁知，九十九岁的小红兜肚儿忠于爱情，并不见利忘义，说得马生犄角骡子下驹也不卖。”

［用法］用作宾语。

马生角

［释义］见成语“乌白马角”。

［出处］《燕丹子》上卷：“燕太子丹质于秦，秦王遇之无礼，不得意，欲求归。秦王不听，谬言曰：‘令乌白头，马生角，乃可许耳。’”战国后期，秦国与燕国表面修好，互派王室的公子到对方国家去做人质。燕太子丹在秦国做人质，秦王嬴政对他十分无理。太子丹请求秦王允许他回燕国，秦王说除非马生角、乌鸦白头才行。

［用例］《史记·刺客列传》：“世言荆轲，其称太子丹之命，天雨粟，马生角也。”

唐杜牧《樊川集·池州送孟迟先辈》：“青云马生角，黄州使持节。”

［用法］用作定语、状语。

［异文］（1）马角生

三国魏曹植《精微篇》：“子丹西质秦，乌白马角生。”

（2）乌头白，马角生

清张贵胜《遣愁集·感慨》：“燕太子丹为质于秦，求归。秦王曰：‘待乌白头，马生角，当放汝回。’太子仰天恸哭，累日不辍，忽见乌头白，马角生。秦王大惊。”

（3）乌头白

唐李商隐《人欲》：“秦中已久乌头白，却是君王未备知。”

（4）马头无角

唐元稹《送友封二首》之二：“鹏翼张风期万里，马头无角已三年。”

（5）乌头未变

唐元稹《韦兵曹臧文》：“鹏翼已翻君好去，乌头未变我何如？”

马屎凭官势

[释义] 指衙役凭借官势欺负人。马屎:比喻衙役。

[用例] 清黄小配《廿载繁华梦》三十六回:“怎奈差役们十居其九,都是马屎凭官势,一声喝起,即把周景芬执住。”

[用法] 用作谓语、宾语、主语,单独成句。

马死黄金尽

[释义] 比喻钱财用尽。

[用例] 明徐仲由《杀狗记》上:“白马黄金五色新,不应亲者强来亲。一朝马死黄金尽,亲者如同陌路人。”明抱瓮老人《今古奇观 · 刘元普双生贵子》:“只图快乐,落得受用却不知乐极悲生,也终有马死黄金尽的时节。”

[用法] 用作谓语、定语、宾语、主语,单独成句。

[异文] 一朝马死黄金尽

明徐元《八义记》:“只交你一朝马死黄金尽。”

马听锣声转

[释义] 比喻听从别人的指挥做事。

[用例] 清西周生《醒世姻缘传》第九十五回:“家人媳妇,丫头养娘,原无甚么正经,‘马听锣声转’的,见寄姐合他相好,也都没人敢欺侮了他,倒茶端水,一般伏侍。”

[用法] 用作谓语,或独立成句。

马捉老鼠

[释义] 比喻做事情没有规矩,瞎忙。

[用例] 明田艺蘅《留青日札·马捉老鼠》:“方言‘马捉老鼠’,盖讥人粗撞不了事也。”明兰陵笑笑生《金瓶梅》第六十二回:“月娘道:‘李大姐,我看他有些沉重,你须早早与他看一副材板儿,省得到临时马捉老鼠,又乱不出好板来。’”

[用法] 用作宾语、定语。

买马别人骑

[释义] 比喻自己付出所得到的,却被别人享用。

[出处] 清张南庄《何典》第十回:“有空心大老官在此,他惯买马别人骑。”

[用法] 用作宾语。

买起马备不起鞍

[释义] 比喻舍得花大价钱置办大东西或办大事,却舍不得花少量的钱买配套的小东西或办相关的小事。鞍:鞍子,放在牲口背上驮运东西或供人骑坐的器具。

[用例] 刘江《太行风云》十四:“她从炕上捞摸起那丈五蓝布,隔炕沿就扔到了地上,说:‘真不嫌寒伧!买起马备不起鞍!俺就小家罕识没见过个大,谁家彩礼还能买下单数!’”

[用法] 用作插入语,独立成句。

没笼头的马

[释义] 指不受拘束的人。笼头:套在骡马等头上的东西,用以系缰绳或挂嚼子。

[出处] 明兰陵笑笑生《金瓶梅》第七十六回:“一个汉子的心,如同没笼头的马一般,他要喜欢那一个,只喜欢那个。”

[用例] 清佚名《梼杌闲评》第六回:“遂择了吉日,送辰生上学,取名进忠,与李永贞、刘瑀同学。那两个已是顽劣不肯读书的,又添上这个没笼头的马,怎么收得住野性?”清曹雪芹《红楼梦》第八回:“薛姨妈叹道:‘他是没笼头的马,天天逛不了,那里肯在家一日呢?’”

[用法] 用作主语、宾语。

门前冷落车马稀

[释义] 指曾经有过的繁华退去,再无人登门拜访。

[出处] 白居易《琵琶行》:“门前冷落车马稀,老大嫁作商人妇。”

[用例] 清王有光《吴下谚联·师姑趁夜载来去没得闲》:“昔东坡与妓琴操论诗,对答如流,至末披诵‘门前冷落车马稀,老大嫁作商人妇’,操悟出家。如操者,宁再趁载乎?”清皮锡瑞《皮锡瑞日记·初一》:“饭菜不堪,坐客稀少,有门前冷落车马稀之慨。”

[用法] 独立成语。

拿黄牛当马骑

［释义］比喻以次充好或任意顶替。

［用例］马忆湘《朝阳花》第五章四："柳莹瞪了瞪眼睛说：'什么洋学生，还不是拿了黄牛当马骑？'"

［用法］用作宾语。

［异文］(1)拿着黄牛便当马

明凌濛初《二刻拍案惊奇》卷十八："这一路的人，众恶所归，官打见在，正所谓'张公吃酒李公醉'，又道是'拿着黄牛便当马'。"

(2)逮住驴子当马骑

陆文夫《临街的窗》："不好了，老姚。领导上叫碧珍当局长去，这不是逮住驴子当马骑！"

(3)拉住黄牛当马骑

吴强《红日》二章七："'派谁呀？就派你！'沈振新说。刘胜站起身来，声音呛呛地说：'我怎么干得了？拉住黄牛当马骑，那行吗？'"

拿下马

［释义］比喻制服什么东西。

［出处］明黄元吉《流星马》第三折："兀的不是黄廷道与我拿下马来，休杀坏他。我问你为甚么背了我走了，你说。"

［用例］清曹雪芹《红楼梦》第二十回："叫我问谁去，谁不帮着你呢？谁不是袭人拿下马来的？我都知道那些事。"清石玉昆《侠义传》第十四回："说罢先将庞昱拿下马来，差役掏出锁来锁上。"

［用法］用作谓语。

牛胯扯到马背上

［释义］比喻把毫无联系、互不相干的事情扯在一起说。

［用例］王剑《纵深地带》："'牛胯扯到马背上，你胡说啥！'戴有琛毫不客气地一歪膀子，把他胳膊抖下来，脸孔红得似一团炭火。"

［用法］用作宾语、插入语。

［异文］牛膀扯马胯

欧阳平《雾都血雨》一五："他是牛膀扯马胯，把京剧舞友扯作川戏玩友——马宝嘛！"

牛圈里伸进马嘴

［释义］斥责人管闲事，在别人说话时乱插话。

［用例］艾芜《我的旅伴》第五章："老女人大声骂老何道：'有你说的！牛圈里伸进马嘴来了！'"

［用法］用作插入语、宾语。

牛童马走

［释义］旧时泛指地位卑下的人。牛童：牧童；马走：仆役。

［出处］《旧唐书·列传》："然而二十年间，禁省、观寺、邮候墙壁之上无不书，王公妾妇、牛童马走之口无不道。"

［用例］唐元稹《〈白氏长庆集〉序》："然而二十年间，禁省、观寺、邮候墙壁之上无不书，王公妾妇、牛童马走之口无不道。"清孙诒让《温州经籍志·

宋》:“盖至于禁省、观寺、邮候墙壁无不书,王公妾妇、牛童马走无不道。”

［用法］用作主语、宾语。

牛头不对马嘴

［释义］比喻答非所问,根本对不上号。

［出处］明冯梦龙《警世通言·苏知县罗衫再合》:“骂道:‘见鬼,大爷自姓高,是江西人。’牛头不对马嘴正说间,后堂又有几个闲荡的公人听得了走来。”

［用例］清金堡《遍行堂集·与六如》:“若如契言则无异论,真所谓牛头不对马嘴。”清李宝嘉《官场现形记》卷十六:“却喜这鲁老爷是粗卤一流,并有个脾气,是最喜欢戴炭篓子。只要人家拿他一派臭恭维,就是牛头不对马嘴,他亦快乐。”

［用法］用作宾语、状语、定语、补语、主语,单独成句。

［异文］(1)驴头不对马嘴

明董说《西游补》第五回:“还有虞美人配头,倘或一时问及,驴头不对马嘴,就要弄出本色来了。”

(2)驴唇不对马嘴

清文康《儿女英雄传》第二十五回:“一段话说了个乱糟糟,驴唇不对马嘴……把个褚大娘子急得搓手忙拦他说:‘你老人家不要着急,这可是急不来的事。’”

(3)牛头不对马面

清李伯元《文明小史》第二十四回:“尽其所有写上,都是牛头不对马面。”

(4)牛头弗对马嘴

清张南庄《何典》第二回:“活鬼已经吓昏,那里回报得出?就说三言两语,也是牛头弗对马嘴的。”

牛头而卖马脯

［释义］比喻打着做好事的旗号或招牌,实际上在做不好的事情。

［出处］《晏子春秋·内篇杂下》:“君使服之于内,而禁之于外,犹悬牛首于门而卖马肉也。”《后汉书·百官志》:“悬牛头,卖马脯,盗跖行,孔子语。”齐景公喜欢妇人作男人的打扮,全国人都照这样打扮。景公派官吏禁止这种行为,说:“凡这么穿戴的人,就要撕裂她的衣服,扯断她的衣带。”被撕破衣服割断衣带的女人到处可见,女穿男装之风却仍然不能停止。晏子说:“你叫宫里的人作这种打扮,而禁止外面的人这样做,就等于挂着牛头让人买马肉,应该也禁止宫内人这样打扮。”于是不超过一个月,齐国就再也没有做这种打扮的人了。

［用例］秦吕不韦《吕氏春秋·审分》:“以洁白而随以污德。”汉高诱注:“以污秽之德随洁白之踪里,谚所谓:‘牛头而卖马脯’,此理之谓也。”

［用法］用作宾语、插入语。

拍马挨了踢

［释义］比喻巴结、奉承不仅没得到好处,反而得罪了对方,受到打击。拍马:拍马屁。

［用例］李英儒《野火春风斗古城》三章四:“伪省长送走多田回来,经过高大成的包厢时,笑脸带着讥讽。这一来,高大成恼羞成怒了。他感到这笑容后面藏着数不清的语言——这等于说他:拍马挨了踢,上劲崩了弦,送礼被打落托盘,作揖叫人家抽嘴巴子。”

［用法］用作宾语。

拍马屁

［释义］比喻阿谀奉承。

［出处］有五种说法，都来自于民间传说。一说古时北方民族一般人家都会养几匹马，以解决行路、运输等问题，百姓们常以养得骏马为荣。有时人们牵着马相遇时，常要拍拍对方马的屁股，摸摸马膘如何，并附带随口夸上几声“好马”，以博得马主人的欢心。起初，人们实事求是，好马说好，可是相沿很久以后，有的人不管别人的马好坏、强弱，都一味地只说奉承话，把劣马也说成是好马了。二说元朝的官员大多是武将出身，马往往是一个将领权力、身份、地位的象征，下级对上司最好的赞美，就是拍拍他的马，夸他的马好。逐渐人们就把对上司的奉承称为“拍马”。这是因为夸赞的话是不一样的，而拍马的动作是一样的。这就是“拍马屁”的由来。也有人说实际上拍马时决不能拍马的屁股，但由于中原地区的人很少骑马，就把“拍马”想象为“拍马屁”了。三说是北方民族爱马，如果马肥，两股必然隆起，所以见到骏马，总喜欢拍着马屁股称赞一番。四说是北方好的骑手遇到烈性马便拍拍马屁股，使马感到舒服，随即乘势跃身上马，纵马而去。五说是从前塞外有个财主，买到了一匹好马，心中非常高兴，于是就请自己三个女婿来喝酒。酒过三巡，财主从马厩里牵出宝马，让三个女婿作诗来赞美这匹骏马。三个女婿为了讨老丈人的欢心，纷纷搜肠刮肚，寻觅佳句。不一会儿，大女婿走上前来朗声道：“水面置金针，丈人骑马到阴山。来去数百里，金针尚未沉。”财主听了连连称好。二女婿不急不忙，一字一句地念道：“火上放鹅毛，丈人骑马到余姚。来去数千里，鹅毛未被燎。”财主听罢大喜。这时候轮到三女婿了。三女婿天资愚钝，急得不知说什么才好，双手在宝马的屁股上只顾拍摸，宝马被拍得不耐烦了，放了个屁。三女婿灵机一动，说道：“马儿放个屁，丈人骑马去会稽。来去数万里，屁门还未闭。”老财主听了哭笑不得。

［用例］清韩邦庆《海上花列传》第十回：“还有朋友叹拍马屁，鬼讨好，

连忙搭俚买好仔家生送得去铺房间。”清李宝嘉《官场现形记》第八回:“他原是最坏不过的,看见陶子尧官派熏天,官腔十足,晓得是欢喜拍马屁、戴炭篓子的一流人。”

[用法] 用作谓语、定语、状语。

跑解马

[释义] 旧时指在奔跑的马上献艺,比喻赚钱谋生。

[用例] 清曹雪芹《红楼梦》第五十一回:“你就这么‘跑解马’的打扮儿,伶伶俐俐的出去了不成?”清徐继畬《松龛先生诗文集·致王雁汀中丞书》:“今则与此两项人绝不干涉,皆山东人为之省南之盗,皆系卖棉线花带或卖绒线又或跑解马要把戏,散游各乡聚至二三十人。”

[用法] 用作定语、谓语。

[异文] (1)跑马解

邓友梅《烟壶》十四:“那惊险利落之处,在跑马解的沧州人那里都是看不到的。”

(2)跑马卖解

清李百川《绿野仙踪》第三十回:“宁陵县中有一人姓蒋名自兴,原是跑马卖解人家,他有个闺女名唤蒋金花。”

跑野马

[释义] 比喻说话离开正题或思想不受约束,漫无边际。

[用例] 巴金《谈我的散文》:“我说这一段话,并非跑野马,开玩笑。”沙汀《呼嚎》:“而当一个人生活在忙碌劳累下面的时候,心思也就更容易安定了,不至于随时随地都跑野马。”夏丏尊、叶圣陶《文心》十五:“老庄的玄想也

于我们没有用处,徒然累得思想在漫无涯岸的境界中乱跑野马。”

[**用法**] 用作谓语。

骑曹不记马

[**释义**] 指有名士习气,不理事务的人。

[**出处**]《晋书 · 王徽之传》载:“徽之字子猷。性卓荦不羁,为大司马桓温参军,蓬首散带,不综府事。又为车骑桓冲骑兵参军,冲问:‘卿署何曹?’对曰:‘似是马曹。’又问:‘管几马?’曰:‘不知马,何由知数!’又问:‘马比死多少?’曰:‘未知生,焉知死!’”晋代王徽之(字子猷)性情狂放不羁。他作车骑将军桓冲的骑兵参军,蓬着头发,散着衣带,不理本府事务。桓冲问他:“你管什么官署?”王答:“不知是什么官署,时常见牵马来,恐怕是马曹吧。”桓冲又问:“官署里共有多少匹马?”王答:“不管马,怎么知道数目?”又问他:“马近来死了多少?”王答:“活的都不知道,怎么会知道死的?”

[**用例**] 唐杜甫《杜诗镜铨 · 寄从孙崇简》:“嵯峨白帝城东西,南有龙湫北虎溪。吾孙骑曹不记马,业学尸乡多养鸡。”

[**用法**] 用作谓语、主语、宾语。

[**异文**] (1)参军判马曹

宋陆游《读书》:“文辞博士书驴券,职事参军判马曹。”

(2)呼骑曹为马曹

宋苏轼《送李公恕赴阙》:“尽坏屏障通内外,仍呼骑曹为马曹。”

(3)屈骑曹

金元好问《送曹吉甫兼及通甫》:“意气羡君豪,怜君屈骑曹。”

(4)似马曹

宋苏轼《次韵张安道读杜诗》:“巨笔屠龙手,微官似马曹。”

(5)问马曹

宋陆游《自诒》:“不解书驴券,安能问马曹?”

(6)羞问马

宋陆游《初归杂咏》之二:“偶尔作官羞问马,颓然对客但称猫。”

骑两头马

[**释义**] 比喻在两者之间周旋投机,两面讨得好处。

[**出处**] 元尚仲贤《气英布》第一摺:“你既归汉,便当背楚,却骑不得两头马的。”

[**用例**] 清王夫之《读四书大全说》第二十七章:“双峰以力行生入,史伯璿业知其非,而其自为说,又于致知中割一半作力行,此正所谓骑两头马者。总缘他于本文未得清切,故尔胶轕。”清皮锡瑞《皮锡瑞日记·十九》:“公度云将调外县人才入学会,仍是授徒办法。我云如仍须到江西,则此间必不受修金,免致人说骑两头马,东食西宿。见变通科举谕旨,分六条取人,所谓特科,其余由学堂保送乡试,各用专门,名为经济科贡士,不必会试,一体殿试、朝考。”

[**用法**] 用作定语、谓语。

[**异文**] 骑双头马

清佚名《梼杌闲评》第十一回:“刘天佑见进忠爽利,又有田产,也思量算计他。尔耕又在中间骑双头马撰钱。”

骑马寻马

[**释义**] 骑着马去找别的马。原比喻一面占着一个位置,一面去另找更称心的工作,现多比喻东西就在自己这里,还到处去找。亦作“骑马找马”。

[**用例**] 清李宝嘉《官场现形记》卷二十一:“如果收了我的实收,他自然照应我,彼时间骑马寻马,只要弄到一笔大大的银款,赚上百十两扣头,就有

在里头了。”清李伯元《文明小史》二十回：“你不要得福不知，有了这个馆地，我劝你忍耐些时，骑马寻马，你自己想想，无论如何，一个月总得几块钱的束脩，也好贴补贴补零用，而且房饭都是东家的，总比你现在东飘飘西荡荡的好。”

［用法］用作宾语或独立成句。

［异文］(1)骑着驴骡思骏马

明吴承恩《西游记》一回：“争名夺利几时休？早起迟眠不自由！骑着驴骡思骏马，官居宰相望王侯。”

(2)骑驴找马

刘绍棠《锅伙》一七章：“不许你吃着碗里看锅里，骑驴找马把我撇在半路。”

(3)骑马找马

老舍《骆驼祥子》一章：“他得另去找事。自然，他得一边儿找事，还得一边儿拉散座；骑马找马，他不能闲起来。”

(4)骑着马找马

老舍《面子问题》一幕：“于科长：‘三四百万？’单鸣琴：‘太少了点！我原说至少要一千万，心正总以为骑着马找马好；他太谨慎！’”

(5)骑着驴找马

赵树理《杨老太爷》：“他说：‘有事倒有事做了，可是为什么不给家里兑个钱哩！’‘骑着驴找马嘛！管财粮还怕没有钱取？不要着急！以后缺不了你的钱花！’”

骑上马下不来

［释义］指事情做出来难以收场。

［用例］梁斌《狗》：“拉车子王老二那只狗可以打，打了准没事儿。像富儿阔老们的狗，趁早别打，以免‘骑上马下不来’，不坐牢，也得到派出所，最

低也得挨顿骂。”

［用法］用作宾语。

骑瞎马走黑道

［释义］比喻盲目行动走错了路，做错了事。

［用例］刘绍棠《孤村》八："我的家乡四七年土改，四八年复查。这年暑假我回村歇伏，听说柳串儿跟小地主曹七寡妇结了婚。我恨他骑瞎马走黑道，真想当面臭骂他一顿。”

［用法］用作宾语。

［异文］瞎马骑

刘绍棠《十步香草》三四："‘妈，咱们也入两股吧！’‘我不想把钱扔进大河里，连一声响儿也听不见。’‘哥哥不会给咱们瞎马骑。’”

骑着瞎马撞南墙

［释义］比喻不了解情况，盲目瞎闯而办坏了事情。

［用例］刘绍棠《豆棚瓜架雨如丝》一章："这一回，我对外开放，更得摸着石头过河，找个向导带路，走一步看一步，步步脚正鞋不歪，身正影不斜，免得刚愎自用，一意孤行，骑着瞎马撞南墙。”

［用法］用作宾语、插入语。

牵马拉皮条

[释义] 指为男女双方建立不正当关系牵线、搭桥。

[用例] 丁玲《太阳照在桑干河上》三三章："她在村子上一天到晚串门子，牵马拉皮条，不干好事。"

[用法] 用作宾语。

[异文] 拉皮条

清李伯元《文明小史》一六回："那个是马夫阿四，一向不做好事情，是专门替人家拉皮条的。这一男一女，就是他拉的皮条。"

欠债变驴变马填还

[释义] 旧指欠别人的债还不清，来世变成动物供人驱使以偿还。填还：偿还。

[用例] 明吴元泰《东游记》二五回："俗世说得好：'欠债变驴变马填还。'譬如店家有驴马，甚至犬豕鸡鸭，应与你卖钱食用，都是负欠不还根因业障。"

[用法] 用作宾语、插入语。

求马于唐肆

[释义] 到什么都没有的集市去买马，比喻到没有的地方去索取。唐肆：空荡荡的集市。

[出处] 庄周《庄子·田子方》："彼已尽矣，而女求之以为有，是求马于

唐肆也。”郭象注:“唐肆,非停马处也。”

[用例] 清梁章钜《称谓录·杂戏》:“《盐铁论》言百戏之目,有名唐梯、追人。唐训罕。《庄子》:‘求马于唐肆。’”清王夫之《庄子解》:“而汝求之以为有,是求马于唐肆也。”

[用法] 用作宾语、插入语。

[异文] 求马于唐市

苏曼殊《与刘半农书》:“[达吐]西域术语,或神秘之名,即查泰西字书,不啻求马于唐市。”

人全马不齐

[释义] 指队伍不整齐,行动不一致。

[用例] 浩然《艳阳天》二五章:“焦克礼说:‘人全马不齐的,还能早收工哇?我看咱们得整顿整顿队伍了!’”

[用法] 用作宾语。

人住马不住

[释义] 人要停止,马却不停地往前跑。比喻事情已经发展到了不可控制的地步。

[用例] 明凌濛初《二刻拍案惊奇》卷三十九:“老头儿口里乱叫乱喊道:‘不要打,不要打,你们错了!’众人多是兴头上,人住马不住,那里听他。”明袁于令评改《隋史遗文》第五十二回:“单雄信这一干猛夫也不忖量道怎么拿得李密著,如何去救他,心下一慌,人住马不住,也就退了开去。”清李渔《连城璧·卯集》:“所以只求掩过一时就可以,禁止下次做个哑妇被奸,朦胧一世也罢了,谁想人住马不住被众人说到这个地步,难道还好存厚道不成?只

得拼著媳妇做事了,就对众人叹一口。"

[用法] 用作状语、插入语。

塞翁马

[释义] 比喻虽然一时受到损失,也许反而能从中得到好处,坏事可能还会变为好事。

[出处] 汉刘安《淮南子·人间训》:"近塞上之人有善术者,马无故亡而入胡。人皆吊之。其父曰:'此何遽不为福乎?'居数月,其马将胡骏马而归。人皆贺之。其父曰:'此何遽不为祸乎?'……故福之为祸,祸之为福,化不可极,深不可测也。"有位擅长推测吉凶、掌握术数的人居住在靠近边塞的地方。一次,他的马无缘无故跑到了胡人的住地。人们都为此来宽慰他。那老人却说:"这怎么就不是一种福气呢?"过了几个月,那匹马带着胡人的良驹回来了。人们都前来祝贺他。那老人又说:"这怎么就不是一种灾祸呢?"算卦人的家中有很多好马,他的儿子爱好骑马,结果从马上掉下来摔断了腿。人们都前来慰问他。那老人说:"这怎么就不是一件好事呢?"过了一年,胡人大举入侵边塞,健壮男子都被征兵去作战。边塞附近的人,死亡众多,唯有老人的儿子因为腿瘸的缘故免于征战,父子俩保全了性命。

[用例] 明王廷相《王廷相集·寄远夫》:"共说虞翻屈,谁怜范叔寒?地偏忧化枳,天远恐惊鸾。世事塞翁马,休歌行路难。"宋程俱《北山小集·古诗六》:"生非廊庙姿,雅志在林野。拟作耆摩他,疾至萨芸若。身心沩山牛,得失塞翁马。"

[用法] 用作主语、宾语、谓语、状语。

[异文] 塞上马

宋王安石《用前韵戏赠叶致远直讲》:"忘情塞上马,适志梦中蝶。"

杀回马枪

［释义］指古代用长枪作战时的一种枪法，后用以指突然调头回击。

［出处］《说唐》第四十回："叔宝道：'兄弟，好回马枪呵！'"回马枪源自《说唐》，罗成和秦叔宝互教自家武艺，但是都留一个心眼，罗成没有教自家绝技"回马枪"，秦叔宝没有教自家绝技"撒手锏"，但是在日后的作战中都让对方见识了自家的绝技。

［用例］王英先《枫香树》一三章："马玉池反问一句：'以生军兄之见呢？''我非常替你担忧。以我的见解，你到八面山去，暂避一下锋芒，等把队伍整顿好后，再杀它个回马枪。'"李存葆《山中，那十九座坟茔》："彭树奎一直是郭金泰最器重的班长，两人关系极为密切。只要彭树奎能杀个回马枪，那么一切问题都迎刃而解了。"

［用法］用作谓语、宾语。

十八匹马也拉不回头

［释义］形容性格倔强的人，不轻易改变自己的意见。

［用例］刘绍棠《二度梅》五："宁廷佐下令，不许大队开发介绍信，洛文和青凤登不了记。但是，温良顺犯起犟脾气，十八匹马也拉不回头；青凤更是铁了心，刀搁在脖子上也不改口。国庆十五周年那天晚上，皓月当空，桂子飘香，温良顺关上门，给洛文和青凤办了喜事。"

［用法］用作宾语。

识涂马

［释义］比喻对某种事情熟悉、有经验的人。

［出处］《韩非子·说林上》："管仲、隰朋从于桓公而伐孤竹，春往冬反，迷惑失道。管仲曰：'老马之智可用也。'乃放老马而随之，遂得道。"管仲和隰朋跟随桓公征伐孤竹，春天去的，冬天要回来，途中迷了路。管仲说："老马的智慧在这里可以派上用场了。"然后便放开老马，让它引路，最终找到了回去的路。之后，人们便将此凝练成为"识涂马"这一惯用语。

［用例］清查揆《篔谷诗文钞·录别四首》："倦游翻逐急装行，钓弋年时媿友生。坐少车公应不乐，家余许武未知名。识涂马老同槽觉，出岫云高宿鸟惊。输与江南老桑苎，烟波来往一鸥轻。"清黄遵宪《人境庐诗草·题樵野丈运甓斋话别图》："谓我识涂马，召我来咨诹。"

［用法］用作主语、宾语。

［异文］(1)识途马

清魏源《古微堂诗集·山石下》："洞外不语洞中语，云蒸石壁濛濛泻。少焉云散雨亦霁，冒湿更驱识途马。磊砢石径一车轻，似驾骇浪危湍舸。"

(2)马识路

清黄景仁《杂感四首》之二："马因识路真疲路，蝉到吞声尚有声。"

(3)老识涂

清赵翼《稚存见题拙著瓯北诗话次韵奉答》之一："老始识涂输早见，贫堪凿壁借余明。"

(4)识途骥

清林则徐《送嶰筠赐环东归》："漫道识途仍骥伏，都从遵渚羡鸿飞。"

(5)老马知道

唐杜甫《观安西兵过赴关中待命二首》之一："老马夜知道，苍鹰饥著人。"

(6)马老知道

明钱谦益《费县道中三首》之三:“枥中马老空知道,爨下车劳枉作薪。”

(7)老马知路

宋陆游《东窗遣兴》之三:“老马漫知路,钝锥宁出囊。”

市骏骨

[释义] 即“千金市骨”。花费千金,买千里马的骨头。比喻迫切地招揽人才。

[出处]《战国策·燕策一》:“臣闻古之君人有以千金求千里马者,三年不能得。涓人言于君曰:‘请求之。’君遣之。三月得千里马。马已死,买其首五百金。反以报君,君大怒曰:‘所求者生马,安事死马而捐五百金?’涓人对曰:‘死马且买之五百金,况生马乎?天下必以王为能市马,马今至矣。’于是不能期年,千里之马至者三。”这讲的是战国时郭隗以马作喻,劝说燕昭王招揽贤士。他说古代君王悬赏千金买千里马,得一死马,用五百金买下马头,于是不到一年,得到三匹千里马。

[用例] 唐杜甫《昔游》:“有能市骏骨,莫恨少龙媒。”宋洪炎《叶少蕴出示郑先觉阅骏图为作长歌》:“千金不惜市骏骨,睥睨神物秋毫中。”

[用法] 用作谓语。

望山走倒马

[释义] 比喻看着似近而实际很远。

[用例] 明吴承恩《西游记》第九八回:“师父,还不到拜处哩。常言道:‘望山走倒马。’离此镇还有许远,如何就拜!若拜到顶上,得多少头磕是?”

［用法］用作插入语，独立成句。

［异文］望山跑死马

清石玉昆《小五义》第二三回："常言一句说得好：'望山跑死马。'自打上船就看见君山，行了三十余里路，方到飞云关下，船不能前进，此处地名叫独龙口。"

为儿孙作马牛

［释义］指长辈为了让晚辈生活得舒适而辛勤操劳。

［用例］刘绍棠《这个年月》二十："为儿孙作马牛，是老人通病。平民百姓中的老人，不过是想给儿孙们留下尽可能丰厚的家产；老书记却站得高、看得远、想得多。"

［用法］用作主语、宾语。

无马狗牵犁

［释义］没有马拉犁就用狗代替，比喻没有合适的人或物就用其他的来代替。

［用例］清张南庄《何典》第十回："老话头：'无马狗牵犁。狗尚可当马用，驴子倒怕不如着狗？"

［用法］用作插入语。

［异文］无牛捉了马耕田

周立波《山乡巨变》上七："'报了名的不要走。'盛淑君高声吆喝。'新队长走马上任了。'正要离开厢房的邓秀梅对盛淑君笑笑。'不要讥笑吧，我做得什么队长呵？还不是无牛捉了马耕田。'盛淑君说。"

下马威

［释义］原指官吏初到任时对下属显示威风，后泛指一开始就向对方显示自己的威力；也指灭人威风。

［出处］《汉书·叙传》："畏其下车作威，吏民竦息。"西汉时期，豪门贵族少年班伯主动请缨到混乱的定襄去做太守。他刚到任，当地的豪绅大姓把以前犯事的人全都藏匿起来。而班伯一上任就大肆宴请豪绅大姓，与他们交朋友，待了解犯事的人藏身之处后立即下令捕杀，定襄很快就安定下来了。

［用例］清李渔《蜃中楼·抗姻》："取家法过来，待我赏他个下马威。"明凌濛初《二刻拍案惊奇》卷二十八："李彪终久是衙门人手段，走到灶下取一根劈柴来，先把李旺打一个下马威。"

［用法］用作宾语。

效犬马之劳

［释义］像犬、马一样为自己的君主效劳。自谦之辞，表示要献出自己的微薄之力。犬马：古时候臣子对帝王的自比。

［出处］《汉书·孔光传》："臣光智谋浅短，犬马齿𢦏，诚恐一旦颠仆，无以报称。"

［用例］宋程俱《北山小集·状札一》："此生敢图圣朝，弃瑕录用，非某縻陨所能报塞，固当竭蹶奔命，以效犬马之劳。"明陈建《皇明通纪·弘治十七年》："尚期涓埃之报于将来，再效犬马之劳于未死，岂敢释然而长往者？臣心实恳切，谨具奏闻。"明朱长祚《玉镜新谭·原始》："走入都门，竞趋豪家，效犬马之劳。时有爱之者，佐充部役长班，能迎合上人意，繇是，宠信

承托。”

［用法］用作谓语，或独立成句。

［异文］（1）效犬马之力

元陆文圭《中奉大夫广东道宣慰使都元帅墓志铭》：“时官制未定，库春累迁中书省断事官，恩幸无比。内举不避亲，尝面奏：‘臣弟年方壮，得备奔走，效犬马之力，臣死无恨。’”

（2）效犬马之用

《陈书·章昭达》：“昭达对曰：‘当效犬马之用，以尽臣节，自余无以奉偿。’”

一指马

［释义］喻宇宙万物之理。

［出处］《庄子·齐物论》：“以指喻指之非指，不若以非指喻指之非指也；以马喻马之非马，不若以非马喻马之非马也。天地一指也，万物一马也。”按《公孙龙子·指物论》：“物莫非指，而指非指。”又《白马论》：“马者，所以命形也；白者，所以命色也。命色形者，非命形也。故曰：白马非马。”《庄子》指马之义，乃破公孙龙说，认为指马皆非实有，如果说指（概念），则天地间的一切都可说是指；如果说马，则宇宙间的万物都可说是马。这里以马作比喻，来阐释世间万物。

［用例］宋黄庭坚《山谷外集·次韵秋郊晚望》：“道同一指马。”清焦和生《连云书屋存稿·由黄冈赴江夏道中作》：“天地一指马，万物皆为小。”清吴雯《吴雯集·题〈姜公垂钓图〉》：“青山无古今，流水变黄夏。万物但吹累，天地一指马。襟期难度量，日月任潇洒。”

［用法］用作定语、状语、谓语。

走马灯

［释义］常用以形容动作忙碌而不断重复。

［用例］元无名氏《百花亭》第一折：“往来的人，一上一下，似走马灯儿一般。”老舍《四世同堂》十二：“想想这个，想想那个，他的思想像走马灯似的，随来随去，没法集中。”

［用法］用作定语、状语。

做马牛

［释义］比喻因生活所迫供人驱使从事艰苦劳动的人，或者心甘情愿为对方做任何事。

［出处］《增广贤文》上集：“儿孙自有儿孙福，莫为儿孙做马牛。”儿孙自有儿孙的福气，他们的好坏取决于他们自身，不要为他们过多地操心，尤其不要事事包办。

［用例］元钱霖《哨遍·要孩儿》：“不思日月搬乌兔，只与儿孙作马牛，添消瘦。”清李世忠《梨园集成·骂曹》：“吾本天下奇男子，谁肯与你做马牛？”

［用法］用作主语、宾语。

［异文］(1)当牛马

清梁允植《藤坞诗集·湖上所见即事》：“予折腰钱塘，数载于兹矣。日事倥偬鞅掌中。湖山幽秀惭负良多，然当牛马奔走，时餐雪凌风，侵霜戴月，往来于六桥两峰之间。”

(2)做牛马

清廖腾煃《海阳纪略·与同年陈解人枢部》：“弟自做秀才时读书，只求做官，不想做官，便做县官，如做人家媳妇，便有七八个婆婆，如做牛马。”

(3)当牛做马

赵奎夫《历代赋评注·汉赋概述》：“如其中写农夫：‘子触热耕芸(耘)，背上生盐，胫如烧椽；皮如领革，锥不能穿；行步狼跋，蹄戾胫酸。谓子草木，支体屈伸；谓子禽兽，形容似人。’反映了农民当牛做马的生活境况。”

音序索引

A

B

C

H

J

K

L

M

N

O

P

Q

R